游戏化课程背景下幼儿园户外环境创设研究

颜 昌 著

吉林人民出版社

图书在版编目 (CIP) 数据

游戏化课程背景下幼儿园户外环境创设研究 / 颜昌著 . — 长春：吉林人民出版社，2021.6
ISBN 978-7-206-18139-9

Ⅰ.①游… Ⅱ.①颜… Ⅲ.①活动课程 – 教学研究 –
学前教育 Ⅳ.① G613.7

中国版本图书馆 CIP 数据核字 (2021) 第 108199 号

游戏化课程背景下幼儿园户外环境创设研究

YOUXI HUA KECHENG BEIJING XIA YOUERYUAN HUWAI HUANJING CHUANGSHE YANJIU

著　　者：颜　昌
责任编辑：赵梁爽　　　　　　　　　封面设计：吕荣华
吉林人民出版社出版 发行（长春市人民大街 7548 号）　邮政编码：130022
印　　刷：三河市华晨印务有限公司
开　　本：710mm × 1000mm　　　1/16
印　　张：11.75　　　　　　　　字　　数：210 千字
标准书号：ISBN 978-7-206-18139-9
版　　次：2021 年 6 月第 1 版　　　印　　次：2021 年 6 月第 1 次印刷
定　　价：59.00 元

前　言

近年来，随着我国经济的快速发展，我国教育事业也取得了长足进步。在幼儿教育方面，教学方法不再是教学的唯一重点，而幼儿所处的环境，尤其是户外环境，对幼儿的快乐学习与成长有着重要的作用。在现代化教育管理理念中，游戏和教学是两项关系十分紧密的内容。在幼儿教育阶段，合理应用游戏教学的方法，规划建设安全且丰富的幼儿园户外环境，提高游戏教学法的应用效率，成为相关领域工作人员的工作重点。

为了满足幼儿的全面发展，给幼儿提供一个良好的学习环境，游戏化课程逐渐得到认可和推广。幼儿阶段的孩子具有活泼好动的特性。在课程游戏化的背景下，幼儿园教学管理工作中，游戏化课程的数量明显增加。这种教学和管理模式能够为幼儿的健康成长提供帮助，但如果不能进行科学的规划和管理，就会对幼儿的身心造成损害。幼儿在参与各类游戏活动中，可能会因为幼儿园户外环境有缺陷、游戏材料不合理等问题，发生危险事件。因此，在幼儿园户外环境的规划和设计中应全方位考虑，确保幼儿的健康成长与学习。

本书属于幼儿园环境创设方面的著作，由幼儿视角下的游戏化课程、幼儿园户外环境创设基本概述、幼儿园户外环境中的游戏化课程研究、幼儿园户外环境创设要素、不同理念下幼儿园户外主题环境创设、幼儿园特色游戏区域的环境创设六部分组成。全书以游戏化课程背景下的幼儿园户外环境创设为核心，详细阐述了幼儿游戏化课程、幼儿园户外环境创设的相关概念与基础理论，并列举了不同理念和视角下幼儿园户外环境创设的设计方法与案例，对幼儿园环境创设、幼儿教育等方面的研究者与从业人员具有学习和参考价值。

在写作此书过程中，笔者参考和引用了大量专家学者的论著和研究资料，在此谨向他们表示由衷的感谢。由于时间仓促，书中难免存在不足之处，欢迎广大读者批评指正。

2021 年 1 月

目　录

第一章　幼儿视角下的游戏化课程

第一节　游戏化课程化与课程游戏化

一、游戏化课程化概念

王振宇教授认为,"游戏化课程化"是指从幼儿的游戏出发,及时把握幼儿学习的生长点,通过引导和建构新的游戏,促进幼儿学习与发展的过程。"游戏化课程化"是一个通过游戏的力量促进幼儿学习与发展的游戏链,其出发点是幼儿的游戏,包括幼儿的自主游戏和工具性游戏。所谓生长点,是指围绕着五大领域的教育内容生发出来的教育活动。"游戏化课程化"最后又回到游戏中,这里的游戏同样包括自主游戏和工具性游戏。就发展的总趋势而言,这时的游戏不是初期游戏的简单重复,而是在更高层面上的发展和提升。

"游戏化课程化"是针对幼儿园教师对游戏的放任化提出的。英国学者尼尔·本内特、利茨·伍德和休·罗格斯认为,仅仅强调幼儿通过游戏学习是不够的,"通过游戏来教"正是一个完整的教育等式所缺失的另外一半,要求教师为幼儿提供"高质量、有目的的游戏"和"有价值的活动",强调为幼儿设计和提供以游戏为突出特征、学习内容广泛且平衡的课程的重要性。这不仅提出了关于"高质量"学前教育的新的判断标准,也对传统的以幼儿中心主义为理论基础的结构松散的学前教育环境和对幼儿游戏放任自流的态度提出了重大的挑战。如何通过游戏来教从而确保游戏能够包含课程框架,对于许多实践工作者来说,从理念到行动都需要转变。

"游戏化课程化"的背后反映的是对游戏与学习关系的认识。虽然幼儿需要游戏（玩），但作为教育机构的幼儿园开展的游戏有别于游乐场中的游戏，还需要"通过游戏来教"，促进幼儿在"玩中学"。在学界，关于游戏与学习的关系存在对立论、同一论、相关论和统一论等多种观点。对立论认为，游戏是一种轻松愉快的休闲活动，学习是具有外在压力的严肃活动，如果把时间花在游戏上则意味着占用了学习时间；同一论认为，游戏的内容和学习的内容无法区分，幼儿在游戏和学习中都可能产生新的经验，因此游戏就是学习，学习也是游戏，两者不用分辨；相关论认为，游戏与学习是相辅相成的，游戏积累直接经验，学习接受间接经验，游戏获得的直接经验成为学习间接经验的背景，学习获得的间接经验又成为游戏的背景，因此游戏有助于学习，学习的成果也在游戏中得到练习和巩固；统一论认为，游戏和学习是可以相互转化的，游戏是幼儿意愿的活动，学习也必须成为幼儿意愿的活动才能奏效，人们可以强迫幼儿学习知识，但不能强迫幼儿学到知识，只有将外在的学习要求转化为幼儿内在的游戏需求，幼儿才能在游戏中获得学习的收获、在学习中体验游戏的乐趣。以自主游戏著称的"安吉游戏"，最大限度地把游戏的权利交给幼儿，玩什么、怎么玩、与谁一起玩、用什么来玩，全由幼儿自己做主；最大限度地开放游戏材料，材料都是低结构和无结构的，对材料的功能和玩法不做任何规定，任由幼儿变换着花样地玩；最小限度地干预幼儿的游戏，要求教师"闭上嘴、管住手、睁大眼、竖起耳"，全身心地关注幼儿的游戏行为，不打断幼儿的游戏思路和游戏进程。"安吉游戏"创设了富于挑战的空间和环境，通过游戏场地的不同软硬度、粗细程度、干湿度和高低起伏的变化，引发幼儿视觉、听觉、触觉、嗅觉、平衡觉、运动觉等多种感知系统的发展；户外设计了丰富的沟壑、山坡、滑道等，提供了促进幼儿跳、爬、穿越、翻越、搭建、攀登、翻滚、滑行等基本动作发展的机会；通过伙伴间的合作游戏，不仅促进了幼儿的独立能力和社会行为能力的发展，也促进了幼儿各领域的发展。

二、游戏化课程化的内涵与意义

游戏化课程化，本质上是构建一种新型的课程模式。课程模式是一种概念性的表征，包含着自治的理论体系和课程要素，如教育目的、课程内容、教学方法和考核标准等。

作为一种新型课程模式，游戏化课程化实施的基本理论主要包括：从幼儿的角度来看，游戏即为学习；要确保幼儿的学习与未来的成长受到充分的尊重，就需要尊重幼儿的游戏；能够将五大领域的教育点充分落实到幼儿日常的游戏中。通过认知心理学相关论点可知，当代幼儿建构知识的过程不再局限于简单地被传授知识，还包括幼儿学习的整个过程。幼儿的游戏，就是幼儿在以积极、自主、独立的姿态进行的最直接、最有效的建构。换句话说，幼儿的游戏是在与环境的相互作用下，通过内外的双向建构，吸收（同化）和改造（顺化）知识的过程。由此可见，实施游戏化课程化最适合幼儿的学习与发展。

从课程论的角度看，业界将课程模式中的课程实施过程分为忠实、调适和创生三种不同的取向。课程实施的创生取向认为，真正的课程是教师和学生联合创造的教育经验。课程实施在本质上是在具体教育情境中创生新的教育经验的过程，但有的课程计划只是为这个经验创生过程提供了工具或材料。幼儿园的游戏，无疑是最适合师幼共同合作完成教育过程的活动。

根据教育过程的不同，通常将课程目标划分为两种类型，即目标模式和过程模式。采用线性方法对教育过程进行分步规划从而达到目标的，即为目标模式；通过幼儿的学习水平及表现状态随时对课程实施的过程进行调整以达到目标的，则为过程模式。具体分析来看，目标模式有更为严格的学科体系和评估准则；过程模式因为要考虑不同幼儿的实际状态，而幼儿又是一个个独立的个体，具有多样性，因此过程模式的不确定性更强。这两种不同的课程目标，背后蕴含着对"人的地位和价值问题的不同看法"，即幼儿观和教育观不同。"幼儿是谁？幼儿在课程中居于什么地位？幼儿与课程之间是一种什么关系？教师在课程中居于什么地位？扮演什么角色？"不论哪种看法，幼儿园在实际教学过程中都不能把这两种模式视为对立面。正如虞永平所说："若是没有目标意识，要指导和提升幼儿活动的水平是很难的。"对此，在实际开展幼儿园教学活动时，应当努力探索二者的关联性，尽可能保证二者的统一，在确保实现目标的同时重视过程，在教育过程中时刻谨记要达成的目标。游戏化课程化正是这样的一种尝试。

游戏化课程化遵循的正是课程实施的创生取向和课程目标的过程模式的原则，因为创生取向和过程模式不是把课程看作传递知识的简单过程，而是把课程当作幼儿成长的过程。幼儿不是知识的容器，而是一个个有主动性、有创造性的鲜活个体。游戏化课程化把游戏既当作幼儿园教育的手段，又当作幼儿园教育的目的，实现了手段与目的的统一。

三、幼儿园游戏化课程的特征

（一）主动性

主动，与被动相对，是指不受外力影响，使事情按照自己的意图进行。摩根与肯尼威尔认为，游戏由幼儿自发、主导，这是游戏的首要特征。埃里克森的社会心理发展理论指出，"3岁至6岁幼儿面临的主要任务与危机是'主动'对'内疚'"。在我国，3岁至6岁的幼儿处于学前阶段，而这个年龄阶段的幼儿大部分在幼儿园中活动。主动性是幼儿游戏的首要前提，幼儿的游戏缺乏主动性，势必会导致幼儿对游戏的兴趣不高。

如果幼儿参与游戏时常常处于被动的状态，受教师的安排与指挥，那么他们的主动性便很难得到发挥。这种游戏方式反映出的问题是师生地位的不平等，即游戏的决定权掌握在教师手中，幼儿仅仅是被动的参与和实施。这样的关系会导致幼儿参与游戏的积极性不高，也很难感悟到参与游戏的意义，这在很大程度上阻碍了幼儿主动性与想象力的发挥。如果从幼儿的视角出发来制定游戏化课程，那么教师会以尊重幼儿为出发点，结合幼儿的兴趣，设置可供幼儿自由选择并适合幼儿参与的游戏，但这并不代表教师不参与游戏化课程。游戏作为一种课程实施，本身就具有教育的功能。因此，游戏化课程的主动性既要给予幼儿主动进行游戏的权利，也不能忽视教师在课程中的积极作用，这样才能使游戏化课程更好地发挥其本身的价值，从而促进幼儿主动性的发挥。幼儿主动性的发挥是实施游戏化课程的重要条件，正是幼儿主动性的发挥使游戏化课程的独立性、创造性及愉悦性有了发生及发展的保障。

（二）独立性

独立，是与依赖、依附相反的状态；是不依靠其他事物而存在，而是依靠自己的力量去做某件事情。蒙台梭利认为，"幼儿期是发展独立自主的敏感期，独立是自然赋予幼儿工作的法则之一，幼儿必须通过连续不断的活动才能独立"。伍德等人通过访谈了解到教师对游戏的认识，他们大都强调幼儿的独立性——独立性是重要的生活技能，它有助于幼儿成长为有自尊、有能力的学习者；在游戏中表现出的独立性程度与在学校其他领域中表现出的独立性同等重要。笔者认为，基于幼儿视角的幼儿园游戏化课程的独立性，是指在幼儿园游戏化课程中幼儿自己选择游戏的内容、游戏的玩法和材料的使用等。

如果发现多数幼儿园的游戏都是统一组织的，并且规定幼儿在固定的时间和地点开展游戏活动，那么幼儿对游戏活动的形式与内容等是没有决定权和自主选择权的。而从幼儿视角出发的游戏化课程则给了幼儿更多的选择权，让幼儿可以在游戏活动中自主选择与发挥。对于幼儿来说，玩什么、怎么玩，以及用什么玩、和谁一起玩，都由其自由选择，真正体现了游戏化课程的独立性特征。但独立性并不代表幼儿的游戏化课程不受约束，幼儿的游戏化课程也是有规则约束的，而这些规则旨在约束幼儿不因自身的冲动而进行游戏，而是要按照游戏的需要实施课程，从而使游戏化课程顺利实施。

（三）愉悦性

游戏是幼儿爱玩天性得以释放的最主要途径。对于游戏的特征而言，游戏的愉悦性是公认的。有些学者认为，愉悦性应该是游戏的最根本、最原始的特征与品质。游戏的愉悦性特征是与工作的严肃性特征相比较而言的。幼儿在游戏中的情绪是积极的、愉快的，游戏反映了幼儿内心的满足、宣泄、尽情、自得等体验。

很多幼儿园教师认为一些游戏存在危险性，因此禁止这类游戏，能够组织开展的游戏都是教师精挑细选的，而这些游戏彰显更多的是愉悦性。但这并不意味着从幼儿的视角来看也是愉悦的，因此幼儿在进行游戏时，其内心满足感的程度难以达到进行自由选择的游戏的满足感程度。在基于幼儿视角的幼儿园游戏化课程中，幼儿的体验是愉悦的。在传统游戏观的束缚下，幼儿的兴致并不高，且其游戏的体验也难以使幼儿感到愉悦。而在基于幼儿视角的幼儿园游戏化课程中，幼儿可以选择自己感兴趣和需要的游戏，且教师也会为其游戏提供需要的材料、创设适宜的环境，因此，幼儿在游戏过程中可以自主探索、快乐玩耍，幼儿的体验也必定是积极的、愉悦的。笔者认为，幼儿游戏化课程的愉悦性主要体现在两个方面：第一，幼儿能够在参与游戏活动的过程中收获愉悦感；第二，幼儿在游戏化课程中的专注力，即使游戏的结果并不如幼儿所想，但幼儿依然会全身心地投入游戏之中。

（四）创造性

琼·埃里克森认为，积极参与创造性活动是人类发展和永葆活力的主要来源，她将游戏视为一种创造性活动。保罗·弗莱雷批判传统的以讲授式为主的教学，提倡以对话为主的教学模式，而对话是一种创造性活动。在幼儿游戏过程中，游戏的发生是对客观现实的一种能动的反映，游戏反映了幼儿内心的愿望，因而游戏也是一种创造性活动。

在传统的将游戏作为实施手段与方法的课程中，游戏自身不是目的，将游戏作为实施教学的手段并通过课程的实施促进幼儿发展才是目的。这种教学模式在一定程度上确实提高了幼儿的语言表达和合作能力，但是结合幼儿的未来发展，其在某种程度上也存在一定的弊端和隐患。主要是因为在这种教学模式中，课程的开展带有的功利性极为突出，幼儿对游戏的感受性和理解性不强，很难激发幼儿的创新意识和创造性，从而阻碍了幼儿创造能力的发展。在基于幼儿视角的幼儿园游戏化课程中，幼儿的创造性将得到最大限度的发挥。每一位幼儿在游戏活动中都会成为一位创造家：他们或能创造出一个新的游戏玩法；或能创造出一些新颖的游戏材料；或能在游戏评价过程中创造出一些看似幼稚但却高深的想法……所有这些创造的出现，都是基于游戏化课程真正地具有幼儿视角，即在游戏中给予幼儿游戏的话语权，相信幼儿有创造的潜力与能力，且在游戏化课程中，教师让幼儿自主选择游戏（包括游戏的类型、材料的种类及适宜的环境）、参与游戏的评价等过程。只有在基于幼儿视角的幼儿园游戏化课程中，幼儿才能真正发挥其创造性，而幼儿创造性的发挥又能促进幼儿其他能力的发展及游戏化课程的发展。

四、课程游戏化概念

"课程游戏化"是指把游戏作为课程内容、活动形式与实施工具，以游戏精神贯穿课程实施的整个过程，在活动中通过多种感官获得经验，从而促进幼儿的学习与发展。课程游戏化的逻辑起点是教师事先规划和设计课程，利用游戏创设"学中玩"的情境，从而达成预设的课程目标。

上文提到，游戏是幼儿的一种学习方式。因此，在对幼儿进行教育时，教师只有遵循幼儿的这种学习特点与方法，才能达到教育的目的。另外，幼儿园将课程游戏化还在于课程本身具有游戏化的可能性。从内涵来看，游戏主要是指不受其他外界因素限制的幼儿自发自选的活动；课程是指施教者有目的、有针对性地对幼儿进行教育的手段。二者在本质上有很大的区别，但这并不意味着二者之间没有内在联系。首先，从活动的终点来说，课程的目标和游戏的结果都是幼儿的发展。其次，从活动内容来看，幼儿园课程内容与幼儿游戏内容存在一致性。比如，健康领域有运动游戏，语言领域有说唱游戏，社会领域有角色游戏，科学领域有建构游戏，艺术领域有表演游戏等。因此，课程完全可以通过游戏的方式来实施。

五、游戏化课程化与课程游戏化的关系

在我国幼教界，"课程游戏化"是一个大家比较熟悉的提法，不少地区已经在课程游戏化方面做出可贵的探索，取得了不少经验。而我们提出"游戏化课程化"的概念，绝不是在玩文字游戏。那么，两者有怎样的关系呢？

首先，这两种提法都以幼儿为中心，把注意力集中到幼儿身上，都是为了让幼儿园课程更加适合幼儿，更生动、丰富、有趣。其次，这两种提法都高度重视游戏在幼儿园中的地位和作用。正如虞永平所说，"游戏化是幼儿园课程的一个基本特征""幼儿园要形成何种课程文化？第一，要鼓励游戏。第二，要服务于游戏。第三，要学会观察游戏。第四，要合理指导游戏"。再次，这两种提法都不是只把游戏当作一种形式，而是当作一种实质性的、手段与目的相统一的活动。无论是课程游戏化还是游戏化课程化，都"是在保证自由游戏的情况下，让游戏精神落实到一日生活的各个环节中去"。最后，也是最重要的一点，这两种提法具有共同的方向，那就是全面落实《幼儿园教育指导纲要》，让幼儿健康、全面、和谐地发展。

不过，游戏化课程化与课程游戏化并不是一回事。"课程游戏化，其逻辑起点是课程，是课程逐步采用游戏化和生活化的方式进行组织的过程。或者说，是以现有的幼儿园课程实践为基础，在尊重已有的各种幼儿园课程实践的前提下，重视游戏对幼儿发展独特的、不可替代的作用，倡导尽可能采用游戏的方式实施课程。"可以说，课程游戏化是一种课程取向，而游戏化课程化是一种课程模式。游戏化课程化的目标是构建一套全新的中国幼教模式，彻底清除幼儿园教育小学化的不良倾向。课程游戏化则是基于幼儿园现状，针对当前的课程模式做进一步调整与完善，不需要对游戏化课程做整体改动。虽然课程游戏化在一定程度上对幼儿园教育的改善做出了努力，但是要想打破课程游戏化的局限性，还需要从幼儿园课程的根本性质与现状上进行优化。

幼儿园的课程有广义课程和狭义课程两大类：广义的课程就是生活，即幼儿园的所有活动都具有教育意义，也就是说，都具有课程价值；而狭义的课程，就是课程游戏化所依靠的现行的幼儿园课程传统，一个由教师设计、教师主导、教师实施和教师评价并由幼儿参与、幼儿接受的教学过程。这样的课程传统即便游戏化了，幼儿也不是课程的中心，中心依然是教师。

根据幼儿园教育实践的需要，现将幼儿园的游戏分为两大类，一类是自主游戏，另一类是工具性游戏。在幼儿园里，除了由幼儿自己发起和自己主导的

游戏外，其余的游戏，包括由成人发起、幼儿主导的合作游戏；由幼儿发起、成人主导的指导游戏；由成人发起、成人主导、幼儿参与的教学游戏，都属于工具性游戏。在幼儿园里，工具性游戏只是幼儿游戏的特殊形式。工具性游戏不能冲击和限制，更不能替代自主游戏。与此同时，在幼儿园教育中，工具性游戏又是不可或缺的。就其实质而言，自主游戏和工具性游戏都是游戏，都是幼儿学习的重要途径。举例来说，自主游戏是幼儿在操场里自由嬉戏，幼儿既能够练习体育运动，又能够与小伙伴玩耍。工具性游戏则是指幼儿在训练室里学习体育技能，而其学习体育技能的目的是更好地在体育比赛中取得好成绩。教练教幼儿学习体育技能，不是单纯地传授知识，让幼儿被动地接受与模仿，而是让幼儿亲自动手，在实际操作中感悟与学习。我们的目标是在幼儿园里实现游戏化课程化，即在幼儿园里建构自主游戏和工具性游戏相结合的游戏体系，使两类游戏相辅相成、交相辉映，使游戏真正成为幼儿园教育的基本活动，并寓教育于生活和游戏之中。需要说明的是，自主游戏和工具性游戏是对游戏性质的分类，不是对游戏形式的分类。幼儿园里任何一种具体的游戏形式，都可以是自主游戏或工具性游戏。需要特别注意的是，虽然游戏在幼儿园教育中发挥着重要作用，但并不是要求所有活动都游戏化，都视为游戏，而是为了强调游戏自身的价值。

由此可见，在广义的课程中，游戏化课程化与课程游戏化并没有本质的区别；而在狭义的课程中，课程游戏化如果能将课程的中心由教师转变为幼儿，做到杜威提倡的"幼儿是中心，教育的措施便围绕着他们组织起来"，那么，课程游戏化就成为游戏化课程化的一种内置形态。

第二节　游戏化课程与幼儿发展

一、游戏化课程的功能

（一）游戏化课程的正向功能

1.认知功能

"游戏能促进幼儿的认知"是世界幼儿研究专家的共同认识。皮亚杰指出，

"认知活动发动了游戏，游戏又回过来加强认知活动"。他认为幼儿游戏发展阶段与智力发展阶段是一致的，并根据幼儿认知发展水平将幼儿的游戏发展分为三个阶段，即感知运动游戏阶段、象征性游戏阶段和规则性游戏阶段。在参与游戏的过程中，幼儿并不是单独完成游戏，而是与其他同伴、周围环境等共同作用，利用语言和肢体动作来进行模仿与探索，以此实现在游戏中幼儿与客体、他人、环境相互作用，借助于不断发展的语言的中介，自由地进行各种模仿、操作与探索，满足他们探求外部世界的好奇心与求知欲。同时，游戏给幼儿提供了各种适应和改造"世界"的机会，如幼儿在游戏中需要借助观察、感知、记忆、比较、分类、回忆、想象等认知手段进行操作。面对新的情景，幼儿应当随机应变，适当改变思考问题的方法，努力尝试不同的解决策略，组织参与多项智力游戏。有针对性的智力游戏则能更好地激发与发展幼儿的智力。由此认为，游戏能促进幼儿智力发展，能有效增加幼儿的社会经验。马斯洛对游戏促进幼儿认知发展给予了高度评价。他认为幼儿早期是奠定智力发展的基础的、令人兴奋的、有效的时期。游戏的过程正是智力发展的非同一般的、特殊的过程，这恰恰是游戏作用的所在。

（1）言语发展功能

思维通常通过言语的形式进行表达，可以说，言语发展是促进幼儿思维发展的重要途径。幼儿在参与游戏的过程中，游戏的情境能够激发幼儿不断进行自我言语。同时，游戏还促使幼儿通过言语进行相互交流，由此一来，幼儿的言语功能便得到了锻炼与发展。米勒等人研究了学步幼儿的游戏，发现即使只有 12 个月大的幼儿在游戏中也有语言交往，学步幼儿的平行游戏能自然地促进幼儿之间的相互作用。加维研究发现，3 岁幼儿在游戏中进行言语交往，且交往的时间随着年龄的增长而增长。这充分证明游戏促进了幼儿语言的发展。据观察，幼儿园幼儿言语活动中语言游戏的成分占 13%，而这些语言游戏中有 93% 是语音游戏，其余是语法结构游戏。语言游戏表明幼儿确实知道词汇或句子的正确含义和在游戏中使用的特定含义。正如维果茨基所指出的那样，游戏帮助幼儿把"词"作为一个"符号"来掌握。

（2）概念获得功能

概念是反映对象的本质属性的思维形式。人们在对事物进行认识时，往往是从感性认识开始的，后来逐渐上升为理性认识，而从这两种认识中提取出共同点并进行概括，就形成了所谓的概念。对概念进行阐释的多为词语，随着概念的形成与不断发展，人们的认知也随之不断发展。对于幼儿来说，其思维发展尚不成熟，因此获得的概念也是不成熟的。幼儿获得概念主要通过概念形成和概念同化两种方式。所谓概念形成，是指幼儿在与客观事物直接的相互作用过程中以归纳的方式抽取或概括出一类事物的共同属性或关键特征，属于发现学习。而概念同化则指幼儿在成人的帮助下，掌握以词为标志的概念，使符号代表一类事物，属于接受学习。许多研究表明，感知运动游戏能大大促进幼儿的概念分类与形成。克拉德等人的研究表明，在 12 ～ 15 个月大的婴儿用某种物体游戏时，成人非常容易教会他们叫出该物体的名称，因为这时的物体对他们来说是"有意义的"。同样，物体对幼儿动作的反应也促成了动作和功能性概念的形成。在游戏中，婴儿逐渐学会按照物体的特征来对待和区分物体。例如，婴儿对于圆球一类的物体，会用双手抱住；对于细小的棒状物体，会用手抓。同时，婴儿还逐渐学会把简单的动作图式联合成复杂的动作图式，也逐渐学会了迁移和支配物体，并把自己和物品区分开来。

（3）问题解决功能

问题解决是由一定的情景引起的，按照一定的目标，应用各种认知活动、技能等，经过一系列的思维操作，使问题得以解决的过程。多项试验结果显示，在游戏的过程中能够产生很多问题，并促使幼儿思考，找出解决问题的方法，从而促进幼儿解决问题能力的提升。不同的游戏会出现不同的问题，甚至同一游戏由于不同幼儿的参与也会出现不同的问题，而幼儿在这个过程中应当积极解决问题，实际上，这个过程也是游戏的一部分。在游戏过程中，幼儿可以学会利用线索与策略，通过试误、猜测、判断等策略解决问题。心理学家布鲁纳等人在 1974 年研究了不同性质的先前经验对后继问题解决的影响，发现游戏经验比观察、模仿和训练等更有利于后继问题的解决。

2. 社会性发展功能

人类在成长的不同阶段其社会性发展速度与效率是不同的，其中，发展最快、最有效的阶段是幼儿时期，而其身心、智力等的健康发展又与其社会性有着很大的联系。幼儿随着其社会性能力的不断发展，逐渐从自然人转向社会需要的人。通常社会性能力分为两种：一种是人际交往能力，另一种是社会适应能力。根据《3 ～ 6 岁幼儿学习与发展指南》，人际交往的目标有四个：第一是喜欢交往；第二是能与同伴友好相处；第三是具有自尊、自信、自主的表现；第四是关心、尊重他人。而社会适应的目标，一是喜欢并适应群体生活；二是遵守基本的行为规范；三是具有初步的归属感。幼儿的社会性能力的形成是一个复杂的过程，往往不是来源于直接教学，而是在幼儿的实际交往活动中形成和发展起来的。一般说来，自我意识的发展、自我调适能力的发展、同伴关系的发展及亲社会行为的发展等都是幼儿社会性能力发展的核心。

（1）自我意识的发展

自我意识是幼儿社会化的关键，而游戏是一种将自我为中心的个体转变成适应社会化需要的个体的途径。皮亚杰等人研究表明，幼儿学习从他人角度看问题有很大的困难，这是由幼儿思维的自我中心特征决定的。受到思维的影响，幼儿对自我与非我没有清晰的认知，因此不能找出二者的区别。但是在参与幼儿游戏时，尤其是角色游戏时，幼儿需要扮演不同的角色，并根据角色特点抒发不同的情感、做出不同的行为，这其实是把自己当作了别人，而这个过程中的他相当于把别人的经验赋予在了自己身上，所以这时的他既是别人，又是自己。另外，幼儿要与同伴交流、协作，共同选择组织游戏，共同制定游戏规则，并严格遵守游戏规则，要不断地监督、评价自己与同伴的游戏行为。在这一过程中，幼儿逐渐了解了"我的"和"你的"之间的区别，不断解除活动的自我中心，学会公正地评价伙伴和自己的行为举止，逐步形成对周围环境的态度，逐渐建立友谊、公正、负责的意识和观念。可以说，游戏的过程也是幼儿自我意识不断发展和完善的过程，不断社会化的过程。

（2）自我调适能力的发展

自我调适是学会情绪管理、情绪纾解、理解别人的能力。幼儿在游戏的过程中，要想和同伴更好地相处，就需要对自己的情绪进行合理控制与管理，需要理解和包容他人，要能够有合作意识，遇到问题积极与同伴协商解决，只有这样才能互相接纳。这些能力的逐渐发展，造就了幼儿自我调适能力的发展。有研究表明，经常参加角色游戏的幼儿其社会能力明显高于那些不参加角色游戏的幼儿。

（3）同伴关系的发展

游戏是幼儿相互交往的媒介。有研究表明，半岁以后，幼儿的同伴社会性互动会变得更有意向性，对同伴的信号反应会增加。1岁左右，近半数的同伴互动是攻击性、冲击性行为；1～2岁对同伴的反应经历了"物体中心阶段""简单相互作用阶段""互补的相互作用阶段"等中等阶段；2岁时，同伴间为玩具发生纠纷的现象更为常见，社会性游戏增多，幼儿愿意与同伴玩游戏，而不是与成人一起玩游戏，同伴游戏取代了亲子游戏。从出生到2岁，幼儿的游戏是以亲子游戏及孤独游戏为主，逐渐过渡到平行游戏，并逐渐结成稳固的游戏伙伴关系。随着游戏类型的发展，幼儿的同伴关系也随之发展起来。

（4）亲社会行为的发展

亲社会行为主要是指对他人有益或对社会有积极影响的行为，包括分享、合作、助人、安慰等。幼儿游戏，特别是角色游戏和表演游戏，正是幼儿模仿、练习成人生活技能的良好时机。幼儿在游戏中扮演角色，以角色的身份来游戏，在游戏中体验着角色的喜怒哀乐，在与同伴的交往中逐渐懂得了分享、学会了合作。例如，幼儿在玩"娃娃家"游戏中照顾幼小的"娃娃"及"病人"，在这个过程中学会了安慰和帮助。斯陶布的研究结果表明，表演游戏可以培养幼儿的亲社会行为，其效果至少能保持一个星期。表演游戏可以提高日后幼儿发展亲社会行为的可能性。鲁宾的研究表明，如果幼儿的游戏发展滞留在独自游戏或平行游戏的水平，或者缺乏合作的社会习惯和表演游戏的能力，则幼儿在今后的社会性适应方面将遇到困难。

（二）游戏化课程的负向功能

随着科学技术的飞速发展，电子游戏逐渐受到大众尤其是幼儿的喜爱，这使游戏的功能发生了巨大的改变，因此，人们需要对其功能重新进行认识。与此同时，人们也在思考传统游戏的弊端，也就是负向功能。游戏的负向功能主要是对幼儿的学习与成长具有一定的阻碍作用。从现阶段来看，关于游戏的负向功能，相关研究还较少。

1.游戏过度与脑机能紊乱

有关研究表明，在游戏环境下人脑受到强烈刺激会出现不良反应，甚至可能发生不可逆转的改变。在一项关于计算机游戏沉溺者的研究中发现，沉迷于游戏的人，早在幼儿时期就开始了，并且这种爱好一直延续到成人。这些人长期沉迷于游戏，觉得只有游戏才能填补内心的空虚，最终导致他们忽视家人、精神颓废、睡眠紊乱，在生活和学习中遇到各种各样的问题。所以说，游戏过度会引起大脑机能紊乱。

2.游戏过度与游戏依赖

游戏依赖是一种心理病态，往往表现为在非游戏状态下没有精神，注意力不能集中，具有攻击性行为，或一直模仿游戏行为的状态，其中游戏成瘾是其典型表现。许多研究表明，游戏成瘾和幼儿游戏期游戏过多、游戏单一、独自游戏等因素有关，因此要对幼儿游戏进行有效的指导。

（三）游戏的治疗功能

1. 游戏治疗的内涵

一般认为，游戏治疗是治疗师以游戏为主要沟通媒介来矫正幼儿心理行为障碍的一种治疗方法。例如，有的研究者认为，游戏治疗是以游戏活动为媒介，让幼儿在游戏活动中自然地表达自己的情感，暴露内心存在的问题，治疗师可以借此解除幼儿的各种困扰，使其获得发展；有的研究者认为，游戏治疗就是利用游戏的手段来矫治幼儿心理行为异常的一种治疗方法。可以看出，早期的游戏治疗着重于真实生活的投射测验和宣泄的理论观点，即游戏情境中的幼儿行为能显示出其特殊情绪和社会交往困难的模式，而游戏环境为被抑制的情绪和情感提供了自由表达的场所。近年来，游戏治疗的概念有了进一步的发展。研究者越来越推崇通过游戏给幼儿创设一种温和、信任及完全自由的环境，让幼儿在游戏中察觉自身存在的问题、挖掘自己的潜力，从而发生内心世界的变化。兰德里奇强调，当幼儿的游戏被视为他们的自然沟通媒介时，游戏的效果才会真正显现出来。如果幼儿能够自愿参与游戏活动，那么他们表现和表达自我的效果会比语言表达更明显，究其原因，是幼儿天生就爱玩游戏，幼儿的生活中充满着游戏，游戏是幼儿发展的重要媒介。因此，要想保证幼儿的天性，就应当为其提供游戏的机会。

2. 游戏治疗的类型

（1）精神分析取向游戏治疗

精神分析取向学派认为，幼儿天生具有的种种内在的需求和欲望需要得到满足、表现和发泄，但是幼儿所生活的客观环境不能听任其为所欲为，从而使其内心产生抑郁，导致幼儿的自私、爱捣乱、发脾气、怪癖等不良行为。于是，幼儿就要在游戏中发泄情感、减少忧虑、发展自我力量，以补偿现实生活中不能满足的欲望和需求，从而得到身心的愉快和发展。精神分析取向游戏治疗，是以精神分析的人格理论为基础，从人格结构的三个组成成分（本我、自我、超我）之间如何寻找适当客体以消耗心理能量的角度来解释心理不适的原因。他们认为游戏本身不具有任何的治疗功能，只是进行幼儿心理分析时的必要媒介，即从幼儿的游戏内容来分析幼儿的潜意识。借助游戏这个媒介分析潜意识，将这些尚未解决的潜意识内容提升到意识层次，从而彻底解决问题。

（2）结构式游戏治疗

结构式游戏治疗也是从精神分析的理论发展而来的，但它不强调潜意识的分析，其主要观点为人由于自身具有的能量较多而导致各种问题的产生，要想解决这些问题，就需要尽可能消耗掉这些能量。相对于成年人来说，幼儿消耗能量的途径较少，而游戏恰好是一种消耗能量的有效手段。当幼儿充分参与到游戏中时，游戏的治疗效果就会很明显。结构式游戏治疗就是针对幼儿各种各样的心理问题和障碍，主动地设计游戏来帮助幼儿释放能量。结构式游戏治疗师在进行治疗前，必须和幼儿建立良好的关系，因为这样幼儿才不会害怕把他的情绪在治疗师面前宣泄出来。除此之外，由于不同的幼儿拥有不同的心理障碍，治疗师必须根据实际情况选择合适的游戏，只有这样才能确保幼儿的消极情绪得到充分释放，才能保证结构式游戏的治疗功能得到充分发挥。

（3）亲子游戏治疗

许多研究表明，亲子游戏对幼儿发展意义重大。凡艮等人对亲子游戏中母亲的反应类型及其对幼儿的影响进行研究的结果表明，在游戏中忽视型母亲对幼儿反应不积极，而且与非忽视型亲子游戏相比，忽视型亲子游戏中的幼儿发展适应性能力差。亲子游戏治疗的对象就是那些由于病态的家庭系统而造成的心理障碍或行为异常的幼儿。通常来讲，父母需要在治疗师的监督与指导下，给予幼儿特定的游戏程序，使幼儿处在一种安全的、轻松的、愉悦的环境氛围中，从而促使幼儿向父母表达自己的真情实感，并构建彼此的信任。亲子游戏治疗的过程可简单概括为：①治疗师向父母解释基本理念与方法；②治疗师演示游戏治疗的过程；③治疗师训练父母掌握最基本的游戏治疗技能，即建立结构、共情式倾听、以幼儿为中心的想象性游戏及设立限制；④父母在治疗师的督导下与自己的幼儿进行游戏活动；⑤父母独立在家中开展游戏治疗，并将这种技能扩展到日常的生活中。现在，亲子游戏已被人们熟知和认可，并广泛应用于各种家庭问题，如家庭虐待、幼儿焦虑、单亲家庭等。事实上，亲子游戏在治疗幼儿性格、心理等问题时，在一定程度上有效减轻了父母的压力。

（4）非指导性游戏治疗

非指导性游戏治疗，也称幼儿中心游戏治疗，其代表人物是罗杰斯，主要推崇人文主义，强调每位幼儿都存在巨大的自我发展潜力。非指导性游戏治疗理论强调通过游戏这一中介，幼儿能够感受到治疗师的真诚、无条件积极关注和共情作用，幼儿有能力争取自我成长，并在这个过程中指导自身的行为。非指导性游戏治疗特别强调两个方面的特征：一方面，非指导性游戏治疗突出了与精神分析取向游戏治疗和结构式游戏治疗的不同；另一方面，非指导性游戏治疗并非无指导，而是指幼儿能够再度正确地指导自己的行为。通过游戏治疗师的非指导性态度和技术，幼儿内在的力量就能突破障碍，从而在成长的道路上前进。非指导性游戏治疗有八个基本原则：第一，治疗师要与幼儿建立友善的关系；第二，治疗师应该无条件地接受幼儿；第三，治疗师应该营造一种宽容的氛围，使幼儿能够充分自由地表达内心感受；第四，治疗师要敏锐地辨识出幼儿所表达的情感，以富有洞察力的方式向幼儿解释这些情感体验，获得对幼儿行为的领悟；第五，治疗师应该始终尊重幼儿自己解决问题的能力，相信只要给予适当的条件，幼儿就能够自己处理困难；第六，治疗师不能以任何方式企图指导幼儿的行为或对话过程，幼儿应该引导治疗的进程；第七，治疗要循序渐进，不可操之过急；第八，治疗师应该做出一些必要的限制，而这些限制的目的是要让幼儿知道他在治疗中担负的责任。

（5）公平游戏治疗

公平游戏治疗是由皮波斯（Crocker Peoples）提出的。他认为，罗杰斯所建构的理论是假设一种"无条件"的环境，而真实的生活现象是一种"有条件"的环境。他根据克莱色（Willian Glasser）的现实治疗理论，认为幼儿的问题其实来自生活，是因为没有得到周围人们（尤其是成人）的公平对待。因此，他认为如果能够建立一个治疗师和幼儿都必须严格遵守规则的游戏室，而且在游戏中双方都十分公平地接受游戏室规则的约束，就可以提供一个让幼儿得以产生改变的环境。然后，他以斯金纳的"操作性条件反射"为基础，采用行为矫正技术，在和幼儿游戏的过程中运用，达到改变幼儿问题的目的。因为皮波斯强调公平的重要性，所以将其游戏治疗方式称为"公平游戏治疗"。需要注意的是，公平治疗必须建立在幼儿拥有公平的环境之上，但这并不意味着仅仅依靠公平的环境就能实现公平治疗，还需要对幼儿施以恰当的、符合规范的行为约束。另外，实施公平游戏治疗最重要的一点是保证精神层面的公平，并且游戏只是治疗的一种媒介，发挥更大作用的是行为矫正技术，这是解决幼儿问题的根本所在。

二、游戏化课程的心理学基础

（一）幼儿心理发展的本质特点与游戏化课程

游戏化课程是建立在幼儿心理发展的本质特点上的教育方案。幼儿期是幼儿身心发展最为迅速的时期。无论我们研制出什么样的课程模式，首先必须要遵循幼儿的身心发展特点。我国颁布的《幼儿园工作规程》也明确提出了幼儿园的保教结合原则。依据这一原则，我们研制出来的课程模式在形式和结构上无论多么完美，但是如果不符合幼儿的身心发展特点，那么这种课程也只是无效的。就现阶段而言，在幼儿教育方面，不论是家长还是教师，都存在一定的教育漏洞和缺陷，特别是家长。一些家长急于把幼儿培养成优秀的人而过度或者采用不恰当、不科学的方式对幼儿进行约束管教，使幼儿的童年失去了快乐与自由，甚至失去了美好的梦想。美国心理学家格塞尔认为，幼儿的某种机能的生理结构尚未达到成熟之前，学习训练是不能进行的，只有在达到足以使某一行为模式出现的发育状况时，训练才能奏效。他还认为，幼儿行为的发育成长有其自然顺序，发展就是各种行为模式在环境作用下按一定的顺序出现的过程，有一定的生物内在进度，并与一定的年龄相对应。因此，格塞尔十分重视"行为的年龄值与年龄的行为值"。从这个意义上说，实际上我们劳神费力地对幼儿进行他们并不能够"消化"的间接知识教育，无疑违背了幼儿心理发展的规律。因此，要想课程的实效性得到充分发挥，我们就需要从幼儿发展的需要及幼儿能够接受的方法入手对课程进行合理设置。受到年龄、思维和心理等多重因素的影响，幼儿还不足以完全接受间接知识教育，学习间接知识还具有很大的局限性，其更多的精力往往用于游戏上。因此，幼儿园应当开设相应的游戏化课程，以满足幼儿发展的需求，适应其心理发展特点与规律。

（二）幼儿的需要心理与游戏化课程

从某种意义上说，人的许多活动是围绕其需要展开的。需要作为个体心理的原动力机制和内容，对个体其他心理内容的发展起着极为重要的影响作用。有需要就有可能产生动机，有需要就会树立目标，有需要就可能会有相应的行为或行动，人类的一切活动都与需要有关，都是在需要的支配和诱导下进行的。对于幼儿来说，他们同样具有不同的需要，只不过因为年龄较小，其需要并未分化，其需要更多的是生命体的自然需要，这也是幼儿未来成长中其他需要的基础。在实际生活中，倘若幼儿的基本需要被剥夺，那么幼儿在未来的成长过程中就可能无法形成完整的需要系统，甚至和需要相关的各种价值观、人生理想等也会出现偏差。与成人的多元层次需要系统不同，在幼儿的行为活动中，精神需要的表现十分明显。幼儿不像成人那样喜欢物质享受，即便是生活艰苦他们也感觉不到苦，生活苦点对幼儿的心理发展几乎不能产生什么重大影响。许多幼儿在游戏时，经常很不"懂事"地不珍惜干净、漂亮甚至是崭新的衣服的行为常常让家长生气。幼儿的多种行为说明了游戏在其生命需要中的重要性，其扮演的重要角色为幼儿未来成长与进一步发展奠定了坚实的基础。因此，爱护、保护和发展幼儿游戏的需要对幼儿的生命具有非常重要的意义，这也是我们提出幼儿园游戏化课程的心理学基础之一。

三、幼儿园游戏化课程的价值

（一）促进幼儿自主性发展，让幼儿成为游戏的主人

上文提到，传统幼儿园游戏目标的设定、材料的选择、游戏时间及游戏场所等大多由教师决定，因此在游戏化课程中，幼儿在很大程度上失去了话语权。在课程中，幼儿被视为执行命令、听从指挥的被动发展者，无形之中便会失去发展的机会与动力，进而影响发展能力。在当前幼儿园的实践中，教师设定的游戏仍随处可见。教师们在自行设定的游戏中按部就班地发展幼儿的能力，却忽视了幼儿自主发展能力的需要。

基于幼儿视角的幼儿园游戏化课程，从尊重幼儿在游戏中的主体地位的角度出发，使幼儿在这种游戏化课程中拥有自主游戏权，因此在游戏过程中，幼儿的能力会在不知不觉中自主地发展。尽管有些能力在短时间是不可视的，但是不能否认的是，幼儿在自主游戏中自主发展的能力确实大有提高。因此，在幼儿园实施基于幼儿视角的游戏化课程，有利于提高幼儿自主发展的能力。并且，基于幼儿视角的幼儿园游戏化课程倡导将游戏的权利还给幼儿：首先，对于游戏的选择，应当由幼儿自己决定，以激发幼儿参与的积极性；其次，在游戏材料方面，一是要定期更换先进的、利于幼儿安全的材料，二是要选择适当的投放位置，给幼儿提供更加可靠的游戏环境。基于幼儿视角的幼儿园游戏化课程强调教师和幼儿的地位平等，教师在课程中扮演更多的是指导者，而幼儿则是游戏的主体，能够充分发挥主观能动性，成为游戏的主人。

（二）增强教师的儿童视角，让游戏回归本体性价值

基于幼儿视角的幼儿园游戏化课程，强调教师要认真观察幼儿的游戏行为，并在分析幼儿游戏行为的基础上，适当参与幼儿的游戏，使游戏的本体性价值成为课程的追求。而实施基于幼儿视角的幼儿园游戏化课程，需要教师尊重幼儿的主体地位，这对教师提出了更高的要求：教师应当创造有利于幼儿游

戏的游戏环境，并充分考虑幼儿的游戏心理与情绪，了解幼儿的游戏兴趣，在幼儿游戏过程中给予积极的支持，不做课程的主导者，而应该是支持者；与此同时，教师还应当根据实际情况适时加入幼儿的游戏中，与幼儿共同完成游戏活动，做课程的合作者；教师不能主导游戏活动的评价过程，而要认真聆听幼儿的想法，从而为再次开展游戏化课程做好引导。

（三）提升师幼互动的质量，让师幼成为成长共同体

在传统的幼儿园游戏活动中，教师与幼儿在游戏活动中的角色分工是控制者与被控制者，因而师幼之间的互动表现为教师发号施令、幼儿遵从教师的命令。若幼儿的游戏行为不符合教师的期望，教师则会对幼儿进行引导，使幼儿的游戏行为达到教师预期的发展目标。但这种互动的形式及质量对师幼双方的发展都是不利的：教师在这种师幼互动中会形成错误的观念，进而做出不适当的行为；幼儿在这种师幼互动中会丧失与教师平等交往的话语权；师幼双方之间会形成非此即彼的对立关系。

由此可以看出，游戏化课程不仅符合幼儿心理发展的特点与需求，还在幼儿的认知、语言表达、问题解决能力培养，甚至心理治疗、亲子关系等多个方面发挥着重要的促进作用，有利于激发幼儿学习的积极性，提高课程的教学效率。对教师而言，游戏化课程的实施也是教师更好地了解幼儿、发现幼儿个体差异与特点的重要途径，有利于促进师幼的合作与成长。但是需要注意，游戏化课程的设计与实践应当把握科学性，避免游戏过度而使幼儿产生依赖心理。总之，合理应用游戏化课程对幼儿的发展有着良好的促进作用。

第三节 国内外幼儿游戏化课程的发展

一、中国幼儿园游戏化课程现状

（一）幼儿园游戏化课程中幼儿游戏表演积极性较低

这个问题具有一定的普遍性，也是许多幼儿园表演游戏遇到的瓶颈。其实，幼儿喜欢装扮自己，喜欢表演、走秀很正常，但如果天天局限于此，就需要引起教师的关注了。幼儿表演游戏内容单一的原因有两个：一是表演经验，幼儿是否有故事表演，以及其他像木偶、手偶等表演的经验；二是环境和材料，表演区是否有能够引发、支持幼儿进行故事表演的环境和材料。

这就要求教师首先要在平时的教学与生活中多选择内容健康活泼、形象鲜活、情节起伏、适合幼儿进行表演的幼儿文学作品，通过引导幼儿对文学故事、童话剧的欣赏，了解作品的主题，理解其内涵，激发幼儿的表演兴趣。教师还需要引导幼儿掌握故事中的对白，积累一些基本的表演经验。同时，在表演区为幼儿投放能够支持故事表演的游戏材料也非常关键，如故事中角色的头饰、手偶、服装、简单的道具，以及能够帮助幼儿熟悉、记忆故事情节的图画书、关键剧照或场幕提示等。

【案例1】

2017年5月，山东董旭花教授和同事一起针对幼儿游戏表演形式单一，进而导致表演积极性降低的问题，利用交流分享的时间和幼儿一起来讨论他们喜欢的表演形式，丰富他们的经验，并和他们一起欣赏一些精彩的表演视频。我们想关注一下幼儿们在这之后的表演游戏是否会有变化。

游戏描述：

第二天，表演区真的非常热闹。先是一群女孩表演了一段舞蹈，过了一会儿，昊泽跑过来当主持人，他一一询问小朋友们想表演什么，然后开始为大家报幕。接着笑颜也加入进来，两个人同时主持。令人惊奇的是，昊泽在游戏中不但与笑颜配合默契，而且在表演结束之后对小朋友们的表演进行点评，点评得颇有专业评委的味道，而且在表演环节还引导小观众们鼓掌，给表演者以回应。

接下来，思源装扮好自己进行了一场走秀。后来，平时比较内向的治达（治达平时很少主动在大家面前表现自己，即使被叫起来回答问题，也会非常羞涩）进行了表演。

走秀结束之后，拿着小吉他的俊哲开始了他的摇滚乐表演。一曲结束之后，俊哲意犹未尽，还要求返场。在他演唱的同时，治达小朋友竟然上来给他伴舞，舞蹈的节奏和歌曲的节奏配合得非常好。

今天的游戏甚至出现了魔术表演和规模较大的模特走秀。幼儿们把自己打扮得漂漂亮亮的，走起来也是有模有样。一个个小模特自信地迈着优雅的步子，摆着各种造型，非常专注和投入。

游戏解析：

今天，幼儿们的表演游戏可谓丰富多彩，比之前有了很大的进步，他们有的表演舞蹈，有的当主持人，有的唱歌，有的玩摇滚，形式有歌伴舞、时装秀、魔术表演……我们能够感受到幼儿们对表演游戏的热爱，也能看到经验的拓展与唤醒对表演游戏的重要性。幼儿们的表演内容比以前丰富了很多，幼儿们在游戏中非常投入，也非常开心，但他们的游戏内容大多仍是歌舞和走秀活动。故事表演需要更丰富的经验与更高的游戏水平，而在这方面幼儿们还比较欠缺。

观察指导：

第一，幼儿们在游戏中的表现，与这之前教师在交流分享环节有针对性地进行经验交流有密切的关系。因此，教师在幼儿游戏中应关注游戏主题与内容，同时应意识到，可以通过对幼儿新经验的丰富及对原有经验的唤醒，拓展和丰富幼儿的游戏内容。第二，游戏材料也是决定幼儿游戏内容的重要因素之一。

在案例描述与分析中，我们能看到幼儿的表演内容缺少更多富有挑战性的故事表演。因此，除幼儿经验不足等因素外，教师还应关注在表演区是否投放了相关的游戏材料，如用于故事表演的头饰、手偶、服装、道具等。

（二）幼儿自由活动权的限制

幼儿自由活动权利的限制，主要表现为幼儿教师自由精神的缺失所导致的幼儿自由活动权利得不到切实满足的问题。幼儿只能在教师允许的范围内进行活动，自由权利得不到保障。幼儿自由活动不应该只是知识、技能、教材、大纲下的抽象言说，而应该是主体自由意愿，充满真情实感的活动。

【案例2】

在建构区，一名幼儿正无所事事地站在那里，教师发现后走了过去，说："宝贝，你去帮忙铺马路吧，他们现在需要你的帮忙。"不一会儿，马路修建完成。这名幼儿看见隔壁区域一群小伙伴正热火朝天地围围墙，就问："老师，我能过去和他们一起玩耍吗？"教师发现已经有四个幼儿在围围墙了，于是对他说："那边空间比较小，人太多了，容易把围墙弄倒，你来建高楼吧。"说完，教师就给他拿来一筐积塑。他撅着小嘴说："老师，可我不会建高楼。"教师说："这个很简单，老师可以教你。"说着，教师拿起积塑自己搭建起来。在楼房的底层搭建好后，教师说："宝贝，看见了吗？像这样一层一层往上搭就可以了，很简单的。"说完，教师就离开了，接下来该幼儿根据教师的示范开始搭建楼房。

现在幼儿园越来越注重幼儿的各种权利、需求和爱好，这无疑是幼儿教育观念上的一大提升。但是，这是不是真正满足了幼儿本身的兴趣与需要呢？通过以上案例可以发现，即使幼儿能够按照自己的意愿和喜好自由选择活动和游戏玩具，但当幼儿的想法和教师的想法发生分歧时，幼儿往往只能听从教师的决定和要求，因而这并不能说幼儿真正获得了自由。对此，教师应当改变传统的教学方式，通过应用科学的、符合幼儿发展规律的技巧来帮助幼儿获得更多的自由，避免因为幼儿不遵守纪律而限制幼儿的活动自由。总而言之，在教学过程中，若教师自身都缺失了自由精神，那么幼儿的自由话语权与自由活动权就难以得到保障。

二、日本幼儿园游戏化课程理论与实践模式的发展

日本幼儿园在初创时期，其教育内容和方法主要受福禄贝尔教育思想的影响。到了明治中期，日本学前教育界对福禄贝尔的研究已比较深入。

随着日本教育的不断发展，幼儿园开始逐渐摆脱福禄贝尔保育内容和方法的束缚，并开始寻求适合本国国情的保育内容和方法。例如，东京女子师范学校附属幼儿园修改了保育科目，并认为为了培养幼儿，室外游戏最重要，从而摆脱了福禄贝尔的单纯让幼儿在室内进行游戏的做法。又如，《幼儿园保育及设备规程》中，把初创期保育内容之核心的"恩物"归入最后一项的"手技"中，这表明日本的幼儿园教育已从福禄贝尔的"恩物"中、从完全"舶来品"中摆脱出来，逐渐开始实施符合本国国情的教育内容了。

时至今日，日本幼儿园教育已经探索出一条适合本国国情的幼儿园游戏理论及其实践模式。早在 1977 年，日本国立特殊教育学院综合研究所教育学博士小林芳文在厚生省幼儿福祉专门官高城义太郎的支持下，出版了日本第一部广泛吸纳国内外最新学术研究成果的比较系统的游戏指导理论著作《幼儿的游戏》一书。

据不完全统计，日本仅在 20 世纪 60 年代至 80 年代出版的有关游戏方面的论著就有 64 部，其中译著（包括瑞士的皮亚杰、苏联的艾利康宁、美国的利伯曼等幼儿心理学家的游戏专著）占总数的 1/3 左右。进入 20 世纪 90 年代以后，有关游戏方面的论著和论文更是大量出现。日本学者对幼儿游戏的研究辐射面是十分广泛的，既有从宏观视角进行的研究（如游戏与幼儿的身心发展、游戏与学前教育等），也有从微观视角进行的研究（如游戏与幼儿的问题解决、玩具对象征性游戏的影响作用等）；既有从历史的角度进行的研究（如日本幼

儿游戏的发展史等），也有从现实的角度进行的研究（如信息化社会幼儿游戏的特点，关于"不会玩儿""不想玩儿"幼儿的教育对策等）；既有游戏理论建构的基础研究，也有游戏活动课程开发的应用研究。可以说，日本在理论与实践结合方面，是研究幼儿游戏的"世界中心"；日本幼儿园的游戏活动是自成体系且独具特色的。

三、挪威幼儿园游戏化课程的实施

（一）从挪威《幼儿园框架计划》看游戏化课程在幼儿园课程中的地位

1. 游戏与学习都是幼儿园的重要活动形式

从挪威的《幼儿园框架计划》中可以看出，"幼儿园要和家庭密切合作，满足幼儿生活照料、游戏和学习的需要，促进幼儿全面发展""幼儿园应当信任和尊重幼儿，并承认幼儿的内在价值。幼儿园的环境应该具有挑战性，同时是安全的，为幼儿的游戏和学习提供必要的条件"。《幼儿园框架计划》还指出，幼儿园的价值是"保护幼儿游戏的需要，促进幼儿学习"。因此在挪威，游戏和学习是重要的活动形式，在幼儿园课程中并驾齐驱。

2. 游戏是学习的重要形式

在挪威，政府及民众都非常重视游戏对幼儿学习和成长的重要性。挪威颁布的《幼儿园框架计划》中也强调了游戏的重要作用：幼儿能够在参与游戏中获得各项复杂技能；游戏能够促使幼儿充分发挥自身想象力，通过其他同伴的观点来对自身观点做出相应调整，同时发现和提出问题，相互探讨，交流见解。由此可见，游戏在促进幼儿学习方面具有非常重要的意义。

（1）通过游戏来解决冲突和建立积极的人际关系（交流，语言和阅读领域）。

（2）在游戏和日常生活中创造时间和空间使用语言，建立关于语言的有意义的经历（交流，语言和阅读领域）——鼓励幼儿在游戏中使用语言，借助歌曲等练习相关技能，包括声音、押韵、节奏和幻想（交流、语言和阅读领域）。

（3）支持幼儿在游戏中的想法，并通过游戏促使幼儿积极锻炼，体验成就感（身体、运动和健康）。

（4）鼓励幼儿认知游戏、文化和艺术之间的交互作用（艺术、文化和创造性）。

（5）幼儿园每日活动中必须有户外的游戏活动时间（自然、环境和技术）。

（6）在幼儿的游戏活动中聆听和发现有关数的问题（数、空间和形状）。

（7）通过游戏探索形状和模式（数、空间和形状）。

（8）确保幼儿游戏和日常活动中遇到不同的数概念，如测量等，并刺激幼儿通过游戏考虑距离、重量、数量和时间等概念（数、空间和形状）。

3. 游戏是文化的重要组成部分

《幼儿园框架计划》强调，幼儿园必须充分尊重人文传统的基本价值观，如尊重人的尊严和性质，树立思想自由、博爱、宽容、平等和团结等理念。在课程学习中，幼儿不仅能够掌握基本的科学知识与技能，还可以了解挪威不同地区的文化与民族背景。挪威人口既包括本土人，又包括其他少数民族人民和部分移民。多样化的人口组成使挪威的文化呈现出多样化的特点，而挪威幼儿园就将这种文化差异与文化特色融入了幼儿园教育中。社会、民族、文化、宗教、语言和经济的差异，意味着幼儿在进入幼儿园之前就有了不同的背景。此时，幼儿园要根据不同的文化制定个性化的课程。

与其说挪威幼儿园开展了文化教育，不如说挪威幼儿园对文化进行了兼容，这是因为不仅在文化课程中含有文化教育，在游戏中也渗透了文化教育。多数挪威教育工作者都比较重视游戏中的文化模块，"游戏"是幼儿的天性，也是幼儿擅长的领域。游戏既反映了幼儿成长的环境，还涉及传统文化的转移。游戏、审美活动、幽默和创造力是彼此联系的现象，因此幼儿园要为幼儿的游戏提供各种组织框架，课程的设置也要能激发幼儿的想象力、创造热情和自我表达。学前教育工作者应当随时了解和关注幼儿在游戏中的行为表现，给幼儿提供拥有游戏经验的机会与权利。另外，学前教育工作者还应当尽可能参与到幼儿游戏活动中，使其能够感受不同年龄之间的文化差异，从而接受多种文化，传承多种文化。

（二）从挪威幼儿园的冒险课程看游戏化课程的组织与开展

1. 从社会文化角度看游戏化课程的民主性

根据挪威的《幼儿园框架计划》，幼儿园的基本任务中有一项是帮助幼儿建立基本的民主价值观——承认所有人类的平等价值，这种平等包括两性之间的团结、尊重生命、宽容、正义、真理、诚实。《幼儿园框架计划》强调要让幼儿在直接经验中逐步培养幼儿的民主观。挪威学前教育者认为，民主观念的形成必须辅以实践活动，在活动中听到实践者即幼儿的真实声音，而实现这种实践活动的最佳方式是将民主观的教育融入冒险游戏化课程，因为在冒险游戏化课程中最能显现个体的民主和自由，幼儿可以任意选择玩伴、材料，自行决定活动的内容、规则。幼儿通过与成人、同伴间的交互作用享受真正的自由和平等。总之，这种课程的建立能让幼儿在选择、体验的过程中，建立起积极、全面的民主价值观。

2. 从环境看游戏的隐形教育性

无论是生活、学习还是游戏，我们都处在某一特定的环境中。环境对我们的行为会间接产生影响，具有一定的隐形作用，而冒险游戏则更能突出环境这一作用。冒险环境含有很多危险因素，但最能直接体现其风险的便是游戏的环境。有学者做了相关的试验调查，发现虽然环境对游戏的影响很大，但这并不意味着幼儿因此惧怕冒险游戏，恰恰相反，他们正是因为游戏环境的危险性而产生了极大的挑战欲望和参与热情，并能够从中获得成就感。另外，多数冒险游戏需要一定的运动量与运动技能。幼儿在参与冒险游戏的过程中能够学习相关技能，也使冒险游戏具有了教育意义。冒险课程与传统意义上的教育大纲不同，没有预设详细的教育目标，且环境的随机性也否定了事先制定教育目标的可行性，因此该课程的组织实施具有一定的随机性，其教育作用也是隐形的。这点凸显了游戏注重过程、轻结果的特点。

挪威的学前教育课程将游戏视为幼儿园活动的重要形式，也是学习的重要形式和文化的重要组成部分。挪威开展的冒险游戏化课程也体现了挪威课程中注重隐性教育及关注幼儿民主权利的特点。

第二章　幼儿园户外环境创设基本概述

第一节　幼儿园户外环境的基本概念

一、环境与幼儿园环境

（一）环境

环境是指围绕着人类的外部世界，诸如人们常说的自然环境、社会环境、生活环境、文化环境等。环境既是人类赖以生存的基础，又是人类进步和发展的条件。

幼儿对环境具有极强的依赖性。幼儿园环境是幼儿成长的"第三位教师""不说话的教师"。《幼儿园教育指导纲要（试行）》提出，"环境是重要的教育资源，应通过环境的创设和利用，有效地促进幼儿的发展"。在当今幼儿教育中，环境正在作为一种"隐性课程"，越来越多地引起学前教育界的关注和重视。

（二）幼儿园环境

幼儿园环境，是指在幼儿园内对幼儿身心发展产生影响的一切物质条件和精神条件的总和，包括物质环境和人文环境两大部分。

幼儿园的物质环境涵盖幼儿园所有室内外的活动设施，包括房舍、庭院、运动游戏场、绿地及其有关的设施，幼儿园走廊、门厅、活动室、午睡室、科学发现室等的墙面、窗户的装饰和布置，活动区域的设置等。

幼儿园的人文环境实质上指的是教育观念，包含两方面的内容：一方面是人际环境，如幼儿园的人际关系；另一方面是文化环境，如幼儿园的园风、教育者和管理者的教学理念、价值观等。

二、环境对幼儿发展的影响

幼儿园的环境包含室内环境和室外环境，不同的环境对幼儿发展的影响也不相同。幼儿园环境创设的宗旨应关注幼儿在五大领域的全面发展。

（一）环境对幼儿动作发展的影响

动作发展是由神经中枢、神经、肌肉协调控制的身体动作的发展。幼儿只有在相应的条件下，才能让动作技能发展成熟，而幼儿学习这些技能的最佳阶段就是学前期。在学前期，幼儿的身体还没完全发育，骨头较为柔软，学习动作很容易，并且这个阶段的幼儿对外界充满了好奇心，模仿能力很强，不怕失败，因此，如果在幼儿园为幼儿创造良好的环境，幼儿就能够学习更多的运动技能。在幼儿园户外环境中，常见的体育设施有滑梯、平衡木等，而这些游戏设施都能够有效促进幼儿身体的发展。

（二）环境对幼儿认知发展的影响

幼儿园的环境强调其教育价值，而幼儿置身其中，在环境中去发展意识、感知、语言、思维、注意力等认知。

1. 自我意识

幼儿入园后会拥有自己的水杯、毛巾、座椅等个人物品，会有各自的存储空间，并以幼儿的照片、喜爱的图片或是名字作为区分。另外，在幼儿园中不同年龄阶段提供的桌椅尺寸、体育器械、操作材料也会不同，目的是满足不同幼儿的需要，提供适宜的挑战，让幼儿获得胜任感，促进幼儿自我意识的发展。

2. 对外在世界的感知

幼儿对世界充满了好奇心，他们有很强的求知欲，因此幼儿园丰富的环境能够帮助幼儿获得更多的感知。比如，幼儿园的植物能够帮助幼儿了解植物的生长状态和形态等；幼儿园的体育角能够帮助幼儿感受不同的体育项目。

3. 语言表达

幼儿语言的发展需要有互动交往、倾听表达的环境刺激。幼儿园中的角色游戏区，让幼儿在体验角色游戏的同时，获得语言交往的机会。在角色游戏中，幼儿需要运用口头语言和肢体语言。幼儿之间也通过互动交往，学会表达建议、认同或协商。阅读区和阅览室的设置，为幼儿从口头语言向书面语言过渡提供支持性的环境。

4. 逻辑思维能力

班级区域中的益智区、幼儿园中的科学启蒙室，能通过操作材料的提供，促进幼儿数概念的形成与发展，理解数的守恒等逻辑关系，从而促进其逻辑思维能力的发展。

5. 注意力

多数幼儿在参与到游戏中时，如果是自己感兴趣的游戏，那么他们便会专注自己的"工作"，这很好地锻炼了幼儿的注意力。比如，幼儿在进行手工游戏比拼时，专注于手工制作，这既提高了幼儿的注意力，又提高了幼儿的动手能力。

（三）环境对幼儿社会性发展的影响

社会性发展中最重要的是交往能力。幼儿通过参与角色游戏，在游戏中进行角色塑造和对话，能够提高社会交往能力。例如，幼儿在扮演售货员时，通过和顾客沟通交流，能够积累更多的语言经验；幼儿在扮演主人接待客人时，能够了解待人之道、交友之道。在角色游戏扮演中，游戏自身的环境有利于幼儿换位思考，进而加快幼儿的社会性发展。

（四）环境对幼儿审美能力的影响

幼儿园的区域和功能室的设置均指向五大领域，其中就包含了艺术。幼儿园通过音乐室、美术室，以及各个活动室中的表演区、美工区的设置，发展幼儿的审美能力。幼儿园整体的环境创设，对于生活于其中的幼儿来说，本身就是一种美的熏陶。创设"美"的环境，有利于引导幼儿发现美、欣赏美，从而学会创造美。在艺术环境中，激发幼儿的创造性是核心理念，提供能让幼儿充分发挥想象、创造的机会有助于幼儿创造性的发展。

三、幼儿喜欢的环境

（一）什么样的环境最有影响力

1. 建立自己领域的环境

建立自己的领域性是人类的一个普遍现象。领域性的建立对幼儿适应新环境很有帮助，幼儿园环境中易于幼儿认知的识别系统是帮助幼儿建立领域性的重要手段。《幼儿园教育指导纲要（试行）》中明确提出，使幼儿"适应幼儿园的生活，情绪稳定"是实现幼儿健康教育目标的第一步。幼儿从熟悉的识别系统中获得安全感，才能达到情绪稳定的目标。领域可分为首属领域、次级领域和公共领域三类。

幼儿园中的教室是幼儿接触最多的环境，可归为首属领域。因此，在创设幼儿园环境时教师应保证环境易于幼儿认识和记忆。对于一些经验丰富的教师来说，他们在创建环境时能够抓住教学的主题，同时随着教学进程的推进，还会在此基础上进一步对环境做补充，甚至让幼儿一同加入环境创设中，让幼儿做环境创设的主人。而对于经验欠缺的教师来说，他们在创建环境时往往过于注重环境的装饰效果，没有综合考虑幼儿自身的兴趣所在，使幼儿失去了"主人"意识，导致幼儿不能和环境融为一体。

幼儿园中的走廊、楼道可以归入次级领域。对这一类空间的有效利用，也要信息明确。幼儿园常见的楼道环境，喜欢以成人的角度进行相关主题的装饰，首先，从环境创设的视线上，就远远高于幼儿的视线，使楼道的环境更多满足成人的视线；其次，从环境创设的主题来看，也较多地按成人的方式来选择一些购买的工艺品或是选取一些并不能体现针对性的幼儿或教师的作品进行摆放，而这些装饰更多地成为一种"摆设"，并未能让幼儿与其进行互动。此外，一些教师常常将创设的环境保留较长时间，甚至一年都不进行更换，以至幼儿长期处于同一环境中，很容易对环境失去新鲜感。这在一定程度上也会降低幼儿的主体意识，不利于幼儿主体性的发展。

幼儿园中的户外活动环境基本可列入公共领域。因为是公共领域，所以在创设环境时教师需要考虑到全体幼儿。但是在现实生活中，很多幼儿园的户外环境是从教师的角度进行创设的。例如，在对操场环境进行创设时，幼儿园更多的是从安全的角度考虑，将操场装饰成塑胶形式，然而很多幼儿更想在沙土上玩乐，导致操场环境并不受幼儿喜爱。可以说，创设一个让幼儿喜欢和满意的户外环境，特别是创设一个让幼儿有主体意识，使他们感受到所处的环境就是自己的领域非常困难，所以这需要我们做进一步的思考与规划。

2. 温馨舒适的环境

环境对幼儿的影响是潜移默化的，创设整洁、有序的环境能让幼儿自小形成规范意识。

第一，物品分类摆放，整齐有序。运用"五常管理"（常清理、常整顿、常清洁、常维持、常自律），物品按需分类摆放，随收随放，形成自律。幼儿在规范的环境当中自然也会受到影响，形成良好的自律。

第二，材料充足，空间开放。研究发现，幼儿低比率的玩具占有常常与嘲弄、打击、哭泣、争夺所有权和力争独立玩耍等行为相关。但是，如果处在设备齐全的环境中，幼儿则不会出现这些行为，甚至会相互合作。幼儿园在配备游戏材料时，应当结合幼儿的年龄特点与心理需求，具体来说，对于小班幼儿，应当确保游戏材料的数量充足；对于中班和大班幼儿，应该增加游戏材料的种类。不同游戏区域的隔断最好设置成空间式的隔断，以便幼儿能够自由选择。

第三，软环境的创设。幼儿每天要和教师交往，而教师在环境创设中起着至关重要的作用。关于软环境的创设，主要包括两方面：一是教师自身的定位，在幼儿教育中，教师既是幼儿学习与游戏的指导者，又是知识的传授者，应当积极为幼儿创设具有挑战性的环境，并促使幼儿充分参与其中；二是教师应当注意幼儿的心理健康，尽可能创造轻松的心理环境，减少幼儿对教师和同伴的社交恐惧，弱化传统的不平等的师生关系。

（二）幼儿喜欢什么样的环境

创设一个对幼儿产生深刻影响的环境，首先应是幼儿喜欢的环境。在兴趣动机的引领下，幼儿才会与环境积极互动。什么环境是促进幼儿身心健全发展的理想环境？从幼儿的视角来看，他们喜欢的环境应包含以下因素。

1. 符合幼儿视野的环境

有学者做过一个小实验，将视线调整到和幼儿的视线相同的高度去欣赏他们的墙饰，结果那些看起来绿意盎然、充满生机的图片，从幼儿的视角看过去却是那么支离破碎、毫无生机。许多在成人眼里看来是自然的东西，到了幼儿们的眼中却是那么别扭、"不自然"。幼儿园环境首先要考虑的便是符合幼儿的视野，尤其是活动室的环境要调整到幼儿的视线高度。例如，很多幼儿园的主题墙设置在离地1.3米以上，使得幼儿基本需要仰视。这种主题环境更多的是给成人看的，成为一种摆设。主题墙的设置应调整到1.3米以下，这才是符合幼儿视线的高度，而在这种范围内，幼儿可以和环境互动，可以参与到环境当中。

2. 符合幼儿心理感受的环境

人类的感知觉是对生命感受的真实表达。结合室外环境中的自然色彩使用，可以使整个空间拥有家的温馨感觉，而装饰物和玩具的饱和明快颜色，能实现对幼儿的感官刺激。这是新的自然生态设计思路，可以从以下方面考虑环境的创设。

（1）私密性。虽然幼儿园属于公共空间，但是每位幼儿都是一个独立的个体，他们在幼儿园中也应当享有私密空间。这对尤其是性格内向、孤僻的幼儿来说极其重要。独立空间能够为幼儿提供安静、惬意的环境，便于幼儿放松休息。刚入园的幼儿因为初次离开家人，面对陌生的教师和小朋友，或多或少会产生焦虑情绪，在短时间内他们可能无法适应幼儿园的生活节奏，此时如果幼儿园内设有独处空间，就可以大大缓解他们的焦虑。但是需要注意，幼儿园在设置独处空间时要尽量留出一定的空隙，避免过于封闭。这样，一方面给幼儿心理上带来一定的安全感，另一方面当幼儿在独处空间发生意外时也便于教师及时发现，从而确保幼儿在独处空间的安全性。

（2）自然性。自然环境是幼儿成长所必需的环境，也是幼儿喜欢的环境。因此，幼儿园在创设户外环境时应留有一定的自然元素。但是，近年来随着城市化的不断加快和生活水平的日益提升，很多幼儿园的户外环境减少甚至失去了自然元素，幼儿园户外环境创设更加注重装饰效果，在视觉上做出了很大的改变，这样的环境充斥着人工痕迹，大自然的魅力逐渐被弱化和取代。事实上，幼儿在自然环境中更能够激发天性，保持心情愉快，因此，我们在进行幼儿园环境创设时，应当注意保留自然元素，可以设置沙土区、草坪区，也可以采用木质体育器材；在组织游戏活动时，可以让幼儿体验石头拼搭、树叶手工等，让幼儿能够与大自然直接接触，还有利于幼儿掌握一定的科学与环保知识，提高幼儿的环保意识。

（3）趣味性。幼儿是充满童真的，而一个充满童趣的环境也是幼儿喜欢的环境。美国著名建筑理论家亚历山大在《建筑模式语言》一书中谈到，幼儿喜欢躲在一些小的洞穴般的地方，并建议"凡是幼儿玩耍之处，都要为他们创造一些猫耳洞，把这些猫耳洞设置在天然剩下来的空间、楼梯与工作台底下"。趣味性的营造，可以从洞穴、阁楼等入手。有的幼儿园将午睡室设计成阁楼，有的幼儿园在阅读室中设计一些阁楼，这些变化的设计，会满足幼儿的新奇感。造型主题化也能增加环境的趣味性，如幼儿园的外观设计成童话中的城堡、阅读室有幼儿熟悉的绘本主题的喷绘图画、音乐室中有迪士尼的主要角色等。趣味性还可以通过光的设计带来变化，如午睡室的光线营造柔和、梦幻的气氛，科学室的光线则营造出变幻莫测的神秘感。

（4）舒适性。在幼儿园的环境创设中，我们要充分利用一些软装饰物品，如地毯、布艺沙发、各种软靠垫等，让幼儿在舒适的环境中放松心情。科学的色彩搭配能够使幼儿感到舒适，但是，如果色彩种类太多，容易使幼儿眼花缭乱，不利于幼儿集中注意力，甚至使幼儿产生烦躁情绪；如果颜色过于单一，又使幼儿园环境太过单调，不利于激发幼儿的学习热情和游戏兴趣。另外，光线的强弱对幼儿的心情也会产生影响。因此，我们应综合考虑光线和色彩的协调统一。

西班牙的设计师在设计贝莱斯卢比奥第八幼儿园时，提出按幼儿的入园时间提供不同的色彩空间，共分为三个组：幼儿入园第 1 年为一组，教室空间的颜色以蓝色为主，代表了放松、大海、世界和梦想，是对刚入园的幼儿想象力的发展和好奇心的刺激；幼儿入园 1～2 年为一组，以橙色为主色充满教室空间，代表设计者对促进幼儿精神的发展和运动的刺激的设想；在幼儿入园 2～3 年的教室空间区域，颜色选择为绿色，表示促进幼儿与自然接触的意愿。这是从色彩上考虑提供给幼儿适宜的环境。

3. 符合幼儿身体活动的环境

幼儿好奇、好动，喜欢有挑战性的活动空间。户外大型活动设施可以满足不同年龄阶段幼儿的需要，为他们提供适宜的挑战，如攀爬、钻洞等。科学研究显示，幼儿应保证每天的户外活动时长至少为 2 小时。如何充分利用这 2 个小时来确保幼儿的活动量，选择什么样的活动工具和场地才能满足幼儿身体发展的需要？具体来说，一是根据幼儿园的地理位置和场地大小规划户外环境范围，同时根据幼儿游戏需要科学划分不同游戏区域；二是结合游戏类型购置多层次的体育器材；三是保留自然元素，确保幼儿的天性有空间释放。

4. 能让幼儿参与的环境

幼儿是环境的设计者、布置者和使用者。环境作为一个载体，不仅具有承载知识的作用，更重要的是渗透理念，让幼儿在平等、和谐、开放的环境下自由地发展，将学习和发展融入自由、自主的活动中。幼儿本身是环境创设的主体，班级环境的创设应是幼儿不断参与、不断丰富的过程呈现；幼儿园的识别系统应易于让幼儿记忆和区分；幼儿园的环境更应是幼儿可以自由体验、自主学习的乐园，而不是成人控制下的"失乐园"。

四、幼儿园户外空间环境

（一）幼儿园户外空间环境概念

在不同视角下，幼儿园户外空间环境具有不同的内涵：从空间视角来看，与幼儿园室内空间相对的就是户外空间；从景观角度来看，幼儿园内含有植物景观、游戏场地等的各种场所；从使用角度来说，它是面向教师、幼儿使用的户外开放空间。

（二）幼儿园户外空间分类

1. 根据幼儿心理需求划分

（1）领域性空间。领域性空间的定义是，为某一生物所特有的一块领地，并拥有所有权，同时拒绝其他生物体的侵犯与干扰。范围上没有一定的界限，它受使用者的多少而发生变化。

（2）功能性空间。功能性空间一般为各项实质活动所需的空间，满足行为的需求。该空间有充分的公共性，是开放的、弹性的、较不受限制的，使用者均享有相同的权利及共同遵守的规定。范围上根据使用者具体的活动，提供必要的空间满足其功能要求。为能表达这种空间的特征，需要提供必要的设施。

（3）场所性空间。场所性空间是以封闭、亲切、相似的单元来界定其空间的，此空间具有"场所精神"，在范围上有明显的范围和界限。

2. 根据使用功能划分

（1）入口活动空间。入口活动空间是主要满足幼儿出入园、交通及交往功能的一个集散场地。在园内紧邻幼儿园大门设置，一般会有体现幼儿园特色的构筑物、花坛、休息设施等。

（2）边界空间。边界空间的一部分为幼儿园与园区外相交界处，另一部分是指园区内部各个空间之间的交界处。

（3）游戏活动空间。游戏活动空间是幼儿主要的游戏活动场所，包括器械场地、水池、沙地、动物角、植物角及公共活动场地等。

（4）植物景观空间。自然景区是幼儿园户外空间中的一个重要空间类型。它是一个完全自然式的、很少有人工雕琢痕迹的环境。茂密的植物、裸露的泥土、自然的土坡、攀爬的石块儿等，一切都体现着大自然的特色。

（5）交通空间。幼儿园内的交通主要分为车行和人行，车行一般和主入口或者次入口相连，一直通向建筑前或者停车场，这里也可以供人们行走；另一种是连接各个空间及空间内部的人行小路。

（6）杂物区。杂物区设在园中的某一角落，用于堆放杂物及幼儿使用的游戏设施。

3. 根据游戏类型划分

幼儿园户外游戏空间环境的设置不同，对幼儿不同能力的培及发展也相应不同。游戏空间环境的设置应当满足教学活动的需要，并支持幼儿自主学习、探索发现及交流分享等活动。

（1）探究性游戏空间。随着幼儿与各种具有课程功能的游戏材料的相互作用，幼儿会产生一系列的问题和游戏方向，并以探索问题为线索推动着游戏的不断深入和持续进行。在探究性游戏空间环境中，幼儿可以自由选择、弹性发展、积极互动，有利于幼儿建构自己的经验，促进幼儿的个性化发展。

（2）运动性游戏空间。运动性游戏活动是幼儿园课程的一部分。幼儿在运动性游戏空间中进行活动时，不仅能够有效释放天性，在跑、跳的过程中还能够有效提高身体素质。同时，运动性游戏需要多人完成，因此幼儿在这样的环境中常常需要与其他伙伴交流与合作，有利于培养幼儿的合作能力。

（3）创造性游戏空间。创造性游戏空间的环境相对较为丰富，既有供幼儿参与表演活动的空间，又有供幼儿做手工等结构性游戏的空间。丰富多彩的空间，能够有效激发幼儿表演的兴趣，增强幼儿的自信。同时，手工游戏的空间还有利于提高幼儿的动手能力。

第二节　幼儿园户外环境创设的基本原则

一、安全性原则

安全是指不受威胁，没有危险、危害、损失。安全性原则是幼儿园环境创设必须遵循的原则，是指幼儿园环境创设必须使幼儿的生命安全、身心健康与环境资源和谐相处、互不伤害。

任何场所的建设都应当基于安全之上。对于幼儿园来说，确保了幼儿园户外环境的安全，才能保证幼儿的学习与成长。在安全环境中学习与成长的幼儿，其身体、心理都更健康。只有保证了幼儿园户外环境的安全，幼儿才能进行交往活动，享受更多的教育与快乐。

（一）材料安全

材料是构成环境的主要要素，是幼儿直接进行活动的物质基础。幼儿园环境创设的材料包括建筑材料、室内装饰材料、活动材料等。建筑材料及室内装饰材料的投放，应安全、无毒、健康、卫生。幼儿园环境的布置，需要经过画、做、贴、挂等环节，由幼儿和教师共同完成。在此过程中，材料的安全性是首要条件，制作材料应无毒、无污染，不使用含有害物质的化学材料。活动材料应无尖角，不使用尖锐的钉子。

（二）设施安全

每一所幼儿园都应当设置安全逃生通道，配备消防设施，且相关负责人员应当定期检查这些设施，确保其能正常使用，避免其成为摆设。另外，对于幼儿日常使用的游戏道具和活动材料等，幼儿园也应当做相应的检修与更换。在用电方面，电源开关应远离幼儿活动区域，或者在外层增加防护措施。幼儿园内所有的设施都应当使用无毒、无污染材料，如有必要，还可以在园内增加监控摄像，切实保证幼儿的安全。

二、审美性原则

喜爱美的事物是幼儿的天性。在《幼儿园教师入职指南》中提到审美原则，就是要让幼儿看到的世界应该是美丽的。在幼儿园，幼儿眼睛所触及的每一处风景、每一个角落都应该是美的，让幼儿在美的世界里变得懂美、爱美，让幼儿在亲手制作美、创造美的过程中变得灵巧起来；让幼儿的心灵在无数次欣赏之后变得纯净、美好起来。因此，幼儿园的环境首先要具有美感，如室内、室外墙饰画面形象逼真、色彩搭配协调、布局合理、富有童趣，这样才能给幼儿一种美的熏陶，才能培养幼儿感受美、欣赏美、创造美的情趣和能力。

三、适合性原则

（一）适合幼儿的年龄特征

适合幼儿的年龄特征原则，就是指幼儿园环境创设要符合特定年龄阶段的一般幼儿的身心特征，体现幼儿的年龄差异，满足幼儿在不同发展阶段的需要。比如，小班环境要具备结构简单、色彩鲜艳、富有感官刺激等特点；中班环境在小班环境的基础上要突出操作性；大班环境要突出探索性和实验材料的丰富性。在活动区材料数量的投放上，由于小班幼儿倾向于单独游戏或平行游戏，应多投放相同的材料；而大班幼儿更喜欢合作游戏，可以投放较复杂的合作性材料。在室外游戏场的设计上，器材的结构规格、材料的承受力和耐用度等应随年龄增长适度增加。幼儿体能和动作技巧的灵活性增强，游戏器材的复杂性、难度也要随之提高。年龄特征不仅具有稳定性，也具有可变性。我国地域广大，南北差异也较大，甚至同一气候不同地区的生活方式、文化习俗、生活水平等也有所不同，这使每个地区的幼儿在接受知识、游戏活动等方面也存在一定的差异。学前教育者应当结合当地幼儿的实际情况，有针对性地创造幼儿园户外环境。每个人在成长过程中针对不同的学习模块都有一个关键期，也叫敏感期，这是开展教育的最佳时期，而在这个阶段，一定的刺激能够有效促进幼儿的学习。例如，3岁左右的幼儿正处于个体秩序感发生的敏感期，而教师可以利用这一点对环境进行相应布置，减少环境材料的数量，避免太杂，从而使幼儿体会环境的秩序性。

（二）适合幼儿的个性特点

适合幼儿的个性特点原则，就是指环境创设要充分考虑每位幼儿的特点，包括每位幼儿的动机需要、兴趣爱好、学习方式、能力水平、性格特点等，使环境尽量体现个性化。因此，创设幼儿园环境既要考虑幼儿的年龄特征，又要兼顾幼儿的个性特点，一般的做法是先根据幼儿的年龄特征来创设空间和投放材料，然后随时随地添加或修正环境，以使个别幼儿的需求得到满足，最终使环境能够"融合"具有不同兴趣和能力的幼儿。适合幼儿的个性特点的环境，应考虑从以下几个方面进行创设。

1. 满足幼儿智能发展的不同需要

根据加德纳的多元智能理论，每位幼儿都有自己的优势智能，因此要尊重每位幼儿的需要和能力，同时满足某些幼儿优势智能发展的环境因素也可能会作为"资源共同体"，成为发展其他幼儿劣势智能的教育元素。

2. 适合幼儿不同的性格特征和性别差异

幼儿的性格不同，对环境的需求也相应不同。对于性格较为内向的幼儿来说，他们更喜欢安静的、私密的空间环境，这能够给他们带来足够的安全感；而对于性格活泼的幼儿来说，他们更倾向于开放的、有挑战性的空间环境。除此之外，幼儿的性别不同，对环境的需求也不同。对于男孩来说，他们大多喜欢操作性强、富有冒险性的空间环境；对于女孩来说，她们则更倾向于安静的手工游戏、装饰装扮等活动空间。因此，幼儿园户外环境创设应考虑幼儿的性格特征与性别差异，尽可能使幼儿园户外环境多样化，满足幼儿的不同需求。

3. 为不同家庭背景的幼儿提供相应材料

我们知道，每位幼儿的家庭背景是不同的，因此有些幼儿会在某一方面的能力比较突出。例如，出身音乐世家的幼儿在音乐方面的能力是比较强的，这些幼儿在某一方面的较快发展会带动其他幼儿的兴趣与发展；例如，某班的幼儿钢琴弹得很好，在班上的演奏会引起和激发其他幼儿的兴趣。如果环境中没有配置钢琴，一方面幼儿的艺术才能会受到抑制，另一方面也失去了这种潜在教育资源的影响和作用。

4. 注意幼儿各种感官发展的平衡

在学前阶段，幼儿的感官处于发展的迅猛时期。根据幼儿这一特点，幼儿园在进行环境创设时应综合考虑环境对幼儿视觉、听觉和触觉发展的影响，尽可能使用能够促进这些感官发展的材料。有些幼儿园为了让幼儿更好地了解不同水果的颜色、形状而添置了仿真道具，但这只能发展幼儿的视觉感官，对幼儿的嗅觉、味觉的发展都没有意义，不如购买真实的水果，使幼儿有真实的感官体验。

在科学活动区内，教师可以要求幼儿：（1）观察木材、叶片及树皮的颜色；（2）感觉树皮的质感；（3）试闻不同树木的味道，如白桦、香柏、松树等；（4）分辨不同建造技术的声音，如钉东西、锯东西等；（5）品尝由树木所产的食品，如坚果、糖浆等。

教师提供的材料应包含多种感官刺激，并且注意发掘材料中所蕴含的潜在教育价值。例如，每个活动室都会配置多盏照明用的灯具，而如果把不透明的灯具外壳换成透明的外壳，那么就会引起幼儿对灯具的造型、功能、原理的兴趣，并提供了潜在的学习和探索的机会。

5. 关注幼儿知识的平衡性和系统性

（1）环境创设时注重知识之间的平衡主要体现在以下两个方面。

①知识种类的平衡。这就要求教师在创设环境时，考虑所包含知识种类的全面、平衡。要想让幼儿掌握知识，不仅要让幼儿了解知识的内容，还要让他们亲自动手操作，最后总结知识中蕴藏的方法和规律，这样掌握的知识才能全面、平衡。例如，幼儿掌握"水的形态"这样的知识，完全可以模拟科学实验，亲自体验，动手操作，以探寻其中的规律和方法。

②知识领域的平衡。知识领域涉及诸多方面，教师在创设环境时应考虑五大领域知识之间的平衡，不可偏重或缺失任何领域。当前，幼儿园教学实践中多开展主题教学，虽然主题教学也强调知识的网络学习，但以主题为中心，有些主题不会涉及知识的所有领域，因此，在领域教学或活动区教学中就应进行补充。在环境的创设中不仅依据主题来创设材料，更要关注主题中没有涉及的知识对活动区进行设置。

（2）环境创设同时要关注知识的系统性。我们知道，作为人类认识结果的知识体系是系统的，而且系统的知识也有利于人们学习和掌握。因此，创设幼儿环境要保证知识的系统性，就要注意活动区的学习内容之间要有横向联系，活动区的设置和更换要注意纵向联系，同时要注意提供材料中所蕴含知识的层次性。

四、参与性原则

参与指的是以第二或第三方的身份加入、融入某件事之中。参与性原则更加注重幼儿的主体地位。在进行幼儿园户外环境创设时，幼儿要对环境的设计与创设进行积极参与。可以说，幼儿园户外环境的创设就是基于幼儿成长的，幼儿在其中扮演着主人翁的角色。因此，幼儿园要确保幼儿能够充分、创造性地进行环境创设。

环境创设的过程是幼儿与教师共同参与合作的过程。《幼儿园工作规程》中明确规定："要注重幼儿的实践活动，保证幼儿愉快的、有益的自由活动。"创设一个允许幼儿亲自动手操作的物质和心理环境，是促进幼儿认识发展的重要条件，也是促进幼儿由被动学习转向主动学习的重要因素。环境创设是影响幼儿发展的必要条件。幼儿在亲身参与环境创设的过程中，通过自身积极主动的参与活动，产生互动效应，获得必要的经验。

幼儿以主人翁的角色进行幼儿园户外环境创设，使其不再像以往一样做环境的欣赏者，而是成为环境的设计者和创作者。在这个过程中，既能够锻炼幼儿的创造能力，又能够使幼儿认识到自己的能力，有利于增强幼儿的自信心。在这个过程中，幼儿可以认识到通过自己的努力就能够改变和影响身边的环境，也能够影响自己的生活与学习。

（一）共同确立环境创设主题

良好的空间环境的布置，有利于幼儿主动、自发地参与活动。幼儿园户外环境创设的主题应当不定期更换，在确定主题时，教师应当让幼儿参与其中，并对环境创设中涉及的材料、风格等提出建议，鼓励幼儿积极发言。当幼儿园户外环境全部有幼儿参与时，幼儿会感受到付出与合作的喜悦，有利于幼儿的快乐成长，也有利于幼儿合作意识的培养。

（二）共同搜集环境创设材料

在环境创设中，材料的搜集与作品的提供都由幼儿与教师共同参与。幼儿用自己的作品与搜集的材料装饰环境，是他们参与物质环境建设的重要途径，也是具有良好效果的教育过程，如小班幼儿的染纸作品，中班、大班幼儿的剪纸作品参与环境创设。又如，在角落处设置一个收纳箱，收集各种瓶、盒、罐、旧挂历、旧包装纸、塑料泡沫板、吸管等废旧材料，也可以有石子、木块、水果、树叶、蟹壳、蛋壳、瓜子壳、开心果壳等自然物材料。教师与幼儿一起对这些材料进行创作，将其制作成和环境相搭配的饰品，可以利用饮料瓶搭设高楼，利用蛋壳制作玩偶等。

幼儿通过动手、动脑，在亲身参与环境布置、环境管理的过程中进行了自我教育、自我修正、自我完善，获取新知识、新经验，培养想象力、创造力和动手操作能力。这样，幼儿对自己布置的环境就会有一种特殊的钟爱和亲切感，会激发幼儿更充分地与环境相互作用。

（三）利用环境开展活动

幼儿对事物的认识，是通过其自身的感知和活动来形成的，因此物质环境的建设为幼儿通过主动活动获得知识经验、提高能力创造了条件。在课程实施过程中充分利用创设的环境，使之能真正支持幼儿的发展；同时，幼儿的活动表现为物质环境的再建设提供了依据。在丰富多彩的活动环境中，幼儿可以自由选择各种材料，通过自发学习或游戏来获取知识经验。这样能够确保各个层次的幼儿都能够融入环境、参与到活动中，有利于幼儿尝试多种游戏，激发幼儿的探索欲，提高幼儿的探索能力和动手能力。在参与活动的过程中，幼儿既与同伴进行沟通交流，又与教师进行互动，营造了和谐的氛围，这对幼儿园环境的创设及幼儿的健康成长起到了一定的积极作用。利用环境开展活动，在物质形态上生动、丰富、充满童趣；在精神形态上形成幼儿良好的心理环境，从而对幼儿的知识、情感、意志、行为起到潜移默化的作用，促进幼儿的健康发展。

五、丰富性原则

教育环境区别于一般生活环境的根本特征之一，就在于其富含高度浓缩的达成培养目标所需的教育因子。因此，环境创设的丰富性原则就是指创设幼儿园要依据《幼儿园教育指导纲要（试行）》（以下简称《纲要》）提出的幼儿发展目标，为全体幼儿提供足够的、多种多样的可供获取丰富的知识信息、情感体验以及活动技能等的富含教育价值的物质条件，做到"没有一处无用的环境"。只有生活在这样的教育环境中，幼儿的潜能才能得到最大限度的全面发展。

在理解丰富性原则时，我们还应融合生态化取向。"生态化"指充分利用自然之物创设符合幼儿心理发展特征的环境，不仅符合幼儿身心发展规律，还有利于促进幼儿培养良好的性格，引导幼儿形成团结友爱、诚实勇敢等良好品质，更有利于幼儿亲社会行为、注意力、意志力、创造力等意识行为的培养，能够满足幼儿认识自然、探索自然的天性，对幼儿的身心健康发展有重要意义。

在具体创设丰富的生态化环境时，我们可以从以下三个方面进行考量。

（一）活动空间上的丰富

空间的丰富首先体现在室外游戏场的设计上。室外环境应设计丰富、有趣的游戏场地，有各式游乐设施（如滑梯、秋千、跷跷板、攀登架等）、草地（塑胶地）、植物园、养殖区（鸟、兔等）、沙水区等。幼儿只有在这样丰富的物质环境下，才可能丰富幼儿的学习和活动内容，激发幼儿的兴趣，并为幼儿提供多样选择的机会。如果没有丰富的活动区，那么幼儿的活动和学习必定是单一、重复和低效的。例如，近年来许多幼儿园在实施主题教学，如果没有相应丰富的活动内容，在主题选择的范围、广度和深度上都很浅薄，也就使主题教学失去原有的价值；如果一个主题教学能涉及所有活动区甚至延伸到园外，那么这样的主题教学势必是高效的。

过去，很多幼儿园将环境创设重心放在了室内环境的创设上，对室外环境创设投入的精力和资金比较少，基本上只有普通的滑梯、跷跷板等，游戏设施很单一，无法给幼儿带来良好的游戏体验。事实上，幼儿的活动装备和运动器材在幼儿教育方面也有很高的价值，因此应当增加器材的种类与数量。例如，在器材类型上，既要有锻炼幼儿大肌肉的传统器材（如滑梯），也要有为幼儿提供多种经验的现代器材（如吊桥、平衡木、滑轮、缆绳、多轮车等），同时尽可能地为幼儿提供激发和培养创造力的器材（如木材、轮胎、锯子、钉子、废弃水管、电线等）。

瑞吉欧教育指出，"没有一无用处的环境"。因此，幼儿园环境创设还要充分利用幼儿园室内外的地面、墙面、空间、天花板，甚至栏杆、楼梯等，在可利用的所有三维空间内为幼儿提供尽可能多的知识信息、操作材料和探索材料等，以丰富幼儿的学习内容并激发幼儿的学习潜力。

（二）活动方式上的丰富

幼儿的学习有不同的方式，就活动方式而言，首先应注意兼顾静态活动和动态活动，用水活动和不用水活动，喧闹活动和安静活动，团体活动和个别活动，室内活动和室外游戏。另外，有些活动区是相对固定的，而有些则随课程、主题变化而变动。因此，在设置活动区时，我们要注意在这些维度上进行全面、丰富的创设。

在设计和组织活动时，教师除要考虑活动形式的多样性外，还应当考虑幼儿团体及个人的综合发展。团体活动往往人数较多，因此应当保证活动空间足够大，空间环境适合大部分幼儿游戏；个人活动不需要太大的空间，因此可以设置成小面积、私密的空间，并适当增强空间环境的特色。

六、动态性原则

"动态"与"静态"相对而言，一方面强调事物的"运动"状态，另一方面体现出事物发生与形成的"过程性""变化性"和"生成性"。动态性原则是指幼儿园物质环境创设要从空间、内容、材料、规则等方面关注环境的不断变化和生成。因此，幼儿园物质环境创设应遵循的动态性原则包括以下两方面。

一方面，幼儿园物质环境都应尽量体现"动"的形式，这样的环境才能和幼儿随时随地进行互动。例如，一所幼儿园在大门处根据幼儿园门厅弧形的墙面结构，量身定制了一个直通二楼的多功能玩具区，让幼儿们可以通过钻、爬、攀、滑等多种方式来上下楼梯。活动区投放的材料尽可能地选择能让幼儿动手操作的材料，应该多一些操作的低结构材料（如沙、水），少一些高结构材料、观赏性的图片、装饰物品和成形物体。即使是知识信息的呈现，也不能以"一览无余"的方式陈列给幼儿，而应创造让幼儿亲自探索的机会，让其体验知识产生的过程，得到不同层次的知识结果。幼儿园的户外环境应当尽可能接近日常生活环境，以便幼儿能够根据日常生活中的经验与活动开展幼儿园活动。这就要求幼儿园为幼儿提供真实的可实践的游戏环境。例如，餐厅活动的环境应当购置真实的碗筷，并在开展游戏前采购真实的食材，还可以区分中餐厅和西餐厅，让幼儿在这个过程中既能体验餐厅活动，又能感受不同国家的餐厅文化，增加幼儿的社会体验，培养幼儿的社交能力。

另一方面，"动态性"还体现在"变化性"和"生成性"上。《幼儿园工作规程》中指出，游戏材料应强调多功能和可变性。有研究表明，最有效的学习来自简单且易变的器材和环境，因为它延伸幼儿的想象而非设计者的想象，并且由幼儿选择符合他们经验和学习需求的水平。幼儿园环境可变性的设计，可从可变空间、可变内容、可变材料、可变规则等方面入手。新的变化必然会生成新的事物。只要是依据幼儿的兴趣、需要、能力生成的新的内容、材料和规则，都是适合幼儿身心发展的有益环境。

七、效用性原则

如果将环境创设过程视为"投入"，将其发挥的作用视为"产出"，那么效用性原则就是指要以最小的投入换取最大的产出。此处的"投入"，涵盖创设环境所需耗费的人力、物力、财力、时间和精力等资源。因此，一旦创设了环境就要用好、用足，如一物多用、一室多用等，以实现其教育功能的最大化。

在设置活动区时，有些活动区具有共同的特质。比如，用水区可能涉及美工区、科学区；安静区可能包括图书区、视听区；嘈杂区可能包括装扮区、积木区。在设置这些区域时，教师就要考虑区域之间的相容性，将相容的活动区靠在一起。例如，用水区应靠近水源，安静区应远离嘈杂区。另外，活动区之间，特别是相邻的活动区之间应当保持弹性的结合；活动区之间的材料要能够有效地结合使用，互通有无。例如，娃娃家相邻图书区，在娃娃家扮演"妈妈"的幼儿会到图书区拿书来给"婴儿"读；在美工区的幼儿会想到去沙水区用沙材料做"沙画"，这些都发挥了活动区和材料的效用。

不仅要考虑活动区之间的相容和结合，同时还要注意之间的边界与相隔。例如，表演区的嘈杂和图书区的安静明显不相容，两个区之间不应相邻，或者可以用隔板或屏风隔开。另外，活动区之间应有清晰的边界，让幼儿在适当的区域使用器材，也使设备和器材的丢失和误用率降至最低。边界也能减少中断进行中活动的次数，使幼儿更加投入。

八、挑战性原则

挑战性原则是指环境创设要挑战幼儿的现有能力，以促使幼儿得到进一步的发展，具体可从以下方面着手。

1. 在已有经验的基础上引发探究行为

幼儿园环境创设的问题情境应建立在幼儿"已有水平"的基础上，因此所创设的环境不能是完全陌生的，而应该结合幼儿已有的经验，同时引入新奇的内容。因此，教师在创设问题情境时要注意趣味性和可操作性。脱离幼儿已有经验的、无趣的事物即使具有挑战性，对幼儿来讲也不会引起他们主动学习和探索的兴趣；唯有具有可操作性的素材，才能使幼儿在探索的过程中保持长时间的兴趣，进一步深入探究。

2. 提供多层次的挑战，适合不同水平的幼儿

幼儿园传统的游戏或操作材料的主要问题是缺少不同层次的挑战。对于一些幼儿而言，有些材料太难，不会去玩；对于另一些幼儿而言，有些材料又太

简单，让幼儿感觉无聊，也不屑于玩。因此，操作材料应具有不同层次的挑战性，以使不同年龄、不同水平的幼儿都能找到与其发展水平相适应的材料；尊重幼儿的个别差异，不忽略个别差异显著的幼儿，要让个别幼儿的兴趣、爱好在不同的环境中得到提高和发展，不放弃任何一位发展水平较低的幼儿，促使每位幼儿学会与环境交往，并得到不同程度的提高；千万不能"一刀切"，也不能一味地照搬别人做过的东西，更不能一成不变，要在选择好基本稳定的主题和材料的基础上常换常新。

第三节　幼儿园环境创设的基础与基本原理

一、幼儿园环境创设的内涵

对于幼儿园教育而言，狭义的幼儿园环境是指在幼儿园中对幼儿身心发展产生影响的一切物质与精神要素的总和；广义的幼儿园环境是指幼儿园教育赖以进行的一切条件的总和，它包含幼儿园内部小环境，又包括园外的家庭、社会、自然、文化等大环境。陈鹤琴先生曾经提出"幼儿园环境是幼儿所接触的，能带给他们刺激的一切物质"，即幼儿园环境创设是教育者根据幼儿身心发展的规律需要和幼儿园教育的要求，充分挖掘和利用幼儿生活环境中的教育因素并创设幼儿和环境积极相互作用活动的情景，把环境因素转换为教育因素，促进幼儿身心健康发展的过程。

二、近30年我国幼儿园环境创设研究的历程

纵观我国近30年来的幼儿园环境创设研究，大致可分为以下三个阶段。

（一）初步研究阶段（20世纪90年代—2000年）

20世纪90年代以来，随着我国幼儿教育实践的进一步发展，研究者们开始了对幼儿园环境创设的初步研究。这一时期对幼儿园环境创设的研究，主要表现在对幼儿园空间物理环境创设的研究上，如对幼儿园的户外环境、室内环境、入口环境等的绿化和美化上。研究者们秉持环境育人的原则，着力为幼儿创造一个优美、绿色、干净并且充满童趣的环境。此外，也有研究对当时环境

创设中存在的问题做了总结，如指出环境创设存在形式化、片面化和成人化等问题，并提出了相关的建议。但总体上这个阶段研究成果少，研究范围狭窄，研究大多是研究者根据自己的实践经验进行的总结和探索，缺少理论指导。

（二）发展阶段（2001—2012年）

2001年我国颁布《幼儿园教育指导纲要》，并指出"环境是重要的教育资源，应通过环境的创设和利用，有效地促进幼儿的发展"。因此，环境的价值，以及如何创设一个良好的环境就成为一个重要的议题。同时，随着21世纪国家经济社会的发展和对外开放程度的进一步扩大，学前教育领域的国际化视野也进一步拓宽，不少研究者走出国门，参观访问了欧美等国幼儿园的环境创设，但是对我国幼儿教育实践的影响并不大。

（三）多元化研究阶段（2013年至今）

在《3～6岁幼儿学习与发展指南》的推动下，我国对幼儿园环境创设的研究步入了一个新阶段。研究者们开始从多个角度对我国幼儿园的环境创设进行研究，涉及心理学、教育学和生态学等学科视角，还有从文化学、建筑学、美学等视角的探索性研究；研究内容和范围进一步扩大和深入，涉及幼儿园环境创设的价值、内容、具体方式，以及环境创设中存在的问题与对策建议等方面。这些研究结果为我国幼儿园的环境创设提供了一定的理论依据和指导。

三、幼儿园环境创设的价值

（一）幼儿园环境与幼儿交互作用

幼儿与环境的互动是将环境本身，以及环境中的玩具、材料、物品当作有生命的对象，与它们的交往过程，就是幼儿通过与环境相互作用学习与发展的过程。幼儿与环境的互动不能仅仅停留在形式上，更重要的是要注意在交往中幼儿的语言、行为发生了哪些变化，他们的主体性是否得到了发展。因此，教师应当是幼儿主动学习、主动探究的引导者。幼儿与环境的真正的交互作用，应当从环境创设主题的确定开始，直至全部完成环境布置，以及利用环境进行各种活动的整个过程，而幼儿应始终参与其中；让环境反映幼儿活动过程的轨迹，让幼儿走进自己的生活世界。

充分发挥环境与幼儿的交互作用，要求教师将幼儿本身的需要、兴趣、经验和能力放在首位；在幼儿活动过程中必须保持环境的动态性、灵活性和开放性；积极倡导教师与幼儿之间、幼儿与幼儿之间、幼儿与环境之间、师幼与环境之间的互动，鼓励实践与创新，坚持融环境教育的综合性、多样性、活动性、趣味性于一体；采用自然的、民主的方法，通过集中和分组、集体与个人、室内与户外、幼儿园与家庭、社区等活动，形成全新的、立体式的环境教育体系，让环境成为幼儿的"第三位老师"。

（二）幼儿园环境促进幼儿主体性

教师要经常探讨幼儿是怎样学习的，怎样让幼儿去做自己喜欢的事情，以自己喜爱的方式学习和生活；怎样以适合幼儿的方式教育幼儿，让幼儿在自己的世界里活动，真正使他们成为环境的主人。教师要实现上述目标，需具有以下几点认识。

1. 幼儿赋予环境生命

幼儿对事物的认识是通过他们自身的感知和活动形成的。幼儿园的环境创设为幼儿通过主动活动获得知识经验、提高能力创造了条件；同时，幼儿的活动表现又为环境的再创设提供了内容或依据。无论在墙面布置、区域创设及幼儿与环境的互动中，幼儿的主动活动都得到了充分体现。幼儿可以自由选择材料，通过探索、动手或游戏来获取经验、提高能力。不同能力层次的幼儿可以通过选择适合自己的活动内容，按照自己的意愿去探索、尝试，做自己能力范围内的事，使自己的知识经验和能力水平得到充分的发挥。教师应根据幼儿的情况及时调整活动环境，使环境能真正有效地促进幼儿发展。

2. 幼儿是环境的主人

幼儿是环境创设的主人。幼儿园是幼儿生活、游戏和学习的场所，因此要正确处理好教师与幼儿在环境创设中的关系，创造条件让幼儿成为幼儿园环境的主人。幼儿园可以将环境创设作为一种教育活动，改变过去开学前教师提前布置好环境来欢迎幼儿入园的模式，而应将一部分墙饰、窗饰、门饰和活动区域留给幼儿，让幼儿自主地参与到环境创设中。

幼儿是与环境互动的主人。幼儿不仅是环境创设的主人，也是与环境互动的主人，因为幼儿园环境的意义不仅在于其是影响幼儿发展的条件，更在于幼儿积极、主动与环境产生互动效应。幼儿是环境的主人体现在幼儿能按自己的意愿和兴趣与环境互动，而这一互动是幼儿自主参与、自由结伴，自定主题、自选材料，自己探索、自己发现问题和解决问题，自发进行交流，积极表达情感，共享快乐的过程，使幼儿情感得以激发、社会交往能力得以培养。这一互动过程对幼儿增强探究周围世界的意识、主动获取经验、扩展兴趣都起到了积极的推动作用。

第一，幼儿参与设计环境。引导幼儿参与墙饰、活动区域、游戏环境、节日环境等方面的设计与布置，帮助教师收集游戏材料，准备制作工具，变教师操纵为幼儿自主。玩具是游戏的物质支撑，高价格玩具不一定有高价值，自然材料、废旧材料都是制作玩具的好材料。让幼儿帮助收集、制作材料，进行简单的制作，既能解决游戏材料的来源问题，节约资金，又能提高幼儿的参与意识。

第二，幼儿可以自主选择活动。幼儿园可以从区域活动和游戏活动开始，打破对场地的限制，把区域活动的使用权交给幼儿，让幼儿自由选择活动。

第三，幼儿可以自主选择活动材料。幼儿园可以利用设立"材料仓库"的形式，不仅师幼可以共同收集材料，更把使用材料的自主权交给幼儿；启发幼儿以想象的方式使用游戏材料，能借助游戏材料与其他角色保持联系，给予幼儿发挥和创造的机会；让幼儿在玩中学、在学中玩，感受到自己是真正的游戏和学习的主人。

第四，幼儿可以自主评价环境。评价不单纯是为了让幼儿学会活动，也是为了让幼儿学会做人，学会生活。因此，可以采用解决问题型和分享经验型的评价方式。

（三）幼儿园环境让幼儿释放创造潜能

环境就是幼儿的活动空间，而创设良好的环境，是幼儿创造潜能发展的前提。除了为幼儿创设良好的物质环境外，平等、民主、愉悦、自由的精神环境也是激发幼儿创造潜能的关键。幼儿的独立性和创造性是与生俱来的，他们每天一睁开眼睛，大脑就开始活动，由于他们很少受社会规范的种种束缚，使他们的心灵获得了较大的自由，他们富于想象，敢说敢做。教师应抓住幼儿阶段这一关键时期，致力于幼儿创造潜质的释放，尊重和发展幼儿与生俱来的独立性和创造性，降低教师对幼儿的权威性，逐渐减少幼儿对教师的依赖性。

1.萌发探究意识

幼儿身处富有教育意义的环境中，能够亲自触摸、亲自感受。这提高了幼儿对环境的敏感性，从而更加关注身边事物的发生和变化。幼儿接触的环境越丰富，认识的事物就越多，想象的空间就越大，就越有可能触发灵感，不断激发新的探究意识。幼儿具有爱玩、好动、好探究的天性。人们常说，会玩的幼儿聪明。幼儿园的环境为幼儿提供了参与、表现、实践的机会和条件，应鼓励幼儿进行探究与尝试。

2. 应对问题环境

幼儿对世界和周围陌生环境的好奇，很容易使他们产生许多疑问，会提出许多在成人看来十分幼稚、可笑甚至是不可思议的问题，如"能不能造一个和天上不一样的太阳，冬天是暖和的，夏天是凉快的""我是从哪里来的""世界上的第一个人是谁生的""人为什么会死""我死了怎么办？到哪里去了"等。幼儿不管提出什么样的问题，都渴望得到解答。也正是这些问题的产生，才得以使幼儿去探索周围陌生、新奇的世界。教师应当创设适合幼儿年龄特点和发展水平的"问题环境""空白环境"，想方设法引导幼儿去思考，教给幼儿面对陌生环境自己寻找答案的方法，引导幼儿多角度看待事物，培养幼儿应对问题的能力。教师要积极地为幼儿创设"问题环境"，使幼儿园环境成为一本立体的、多彩的、富有吸引力的、无声的"教科书"，让幼儿在与"问题环境""空白环境"的撞击、交流与互动中逐渐学会学习，满腔热情地创造属于自己的幻想世界。一张纸、一个瓶子、一根绳子、一块积木、一根棍子都有可能触发一个游戏，而游戏中的事物往往会超过事物本身。

3. 释放创新潜能

不断扩展幼儿园的环境空间，给幼儿自由选择、自主活动的机会，这是激发幼儿创造潜能的前提条件。可以这样认为，幼儿之所以能够发展，是因为幼儿本身具有自我发展的天赋本能，而丰富的环境是点燃幼儿创造的"导火线"。一旦幼儿置身于幼儿园环境之中，选择情景，取其所欲，玩其所欢，就成了环境的主人，他们活动的积极性、主动性、创造性就会得到最大限度的释放；幼儿会广泛地参与到主题设计、资料收集、材料准备、制作装饰等创设环境的活动中，并在与环境的交互作用中得到积极主动的发展。

四、幼儿园环境创设的理论基础

（一）瑞吉欧教育的环境观

意大利瑞吉欧的幼儿教育工作者将环境视为"一个可以支持社会互动、探索与学习的容器""空间具有教育'内涵'，也就是包含教育性的信息和对互动的经验以及建构式的学习产生刺激"，因而赋予了环境丰富而深刻的教育内涵。在瑞吉欧人看来，环境是和教育相互依赖、相互包容、相互影响的，两者是一个不可分割的共同体。在瑞吉欧的学校中，没有一处无用的环境。他们认为，舒适、温暖、愉悦的气氛及令人感到快乐的环境，可以使整个学校的教育和生活非常有亲和力和吸引力。因此，瑞吉欧教育工作者不断地强化环境的教育取向，即"环境的设计倾向于将所有与教育有关的事物相结合而发展"。瑞吉欧环境中的教育取向体现在以下四个方面。

1. 环境是"第三位老师"

何谓环境是"第三位老师"？在瑞吉欧学前学校中，每班有两位教师，他们把环境看得与教师同样重要；同时把环境作为教育的"内容"，因为环境中包含着丰富的教育信息和资源，这对幼儿的学习起着促进和激发作用。

环境是"第三位老师"，形象地指出了环境的教学功能。首先，环境不是被动的。学前学校里所有的事物，以及所使用的物品、材料和器具都不是被动的物质，而是由幼儿和教师根据他们的需要经常加以使用的。其次，环境不是固定不变的，可以根据需要而改变。正如马拉古奇所说，"我们重视环境，因为环境有能力去组织、提升不同年龄的人之间的愉悦关系，创造出美好的环境，提供变化，让选择和活动日臻完善，而且环境的潜能可以激发幼儿对社会、情感和认知方面的种种学习"。

2. 环境是课程的要素

瑞吉欧课程的环境创设理念来源于杜威的"行动处于观念的中心"思想，具体表现为环境生成课程和课程创造环境。因此，瑞吉欧的环境设置充分体现了尊重幼儿、尊重幼儿兴趣的原则。皮亚杰的建构主义和维果斯基的"心理发展的历史文化理论"和"支架教学"，也是瑞吉欧的环境设置理念的来源。"一旦有了课程的基本哲学理念与选择后，瑞吉欧教育工作者就着手设计空间的安排并付诸行动。"

3.环境是人与人之间、人与物之间互动的关键性因素

要实现幼儿之间、幼儿与教师之间、教师与家长之间、幼儿与物之间的互动，环境的支持与介入不可或缺。在瑞吉欧的学前学校，大到校址的选择，小到校内每一个小物件的摆放，都充分地考虑到为幼儿的各种互动提供便利，并确保每一位幼儿拥有幸福感和归属感。在瑞吉欧人看来，与他人建立关系是幼儿学校教育的基本目标及幼儿学校教育的基本工具。在瑞吉欧学前学校里存在三种关系：幼儿与教师平等和对话的关系、学校与家长沟通和合作的关系、教师与教师团队协作的关系。

4.环境记录

马拉古奇说："我们学前学校的墙壁会说话，也有记录的作用，利用墙面的空间暂时或永久地展示幼儿与成人的生活。"环境记录最常用的记录方式就是墙壁上的告示栏。告示栏中，贴着教师认真挑选出来的活动记录和幼儿作品，而作品旁边有教师对幼儿成果的意见、解释活动过程的相片、有关活动方案的建议，以及幼儿在不同阶段对方案的评论，可以最大限度地发挥空间展示的作用。记录不仅在墙壁上展示，瑞吉欧学前学校还设置了档案资料室，那里收集了更为详尽的幼儿发展信息，以及教师和家长提供或制作的各种物品，而且参与记录的不仅有教师，还有各位家长。环境记录对教师、幼儿和家长都有相当好的促进作用，可以促进教师、幼儿与家长的共同成长和发展。

（二）蒙台梭利教育的环境观

1.蒙台梭利及其教育思想

玛丽亚·蒙台梭利（1870—1952）出生于意大利安科纳省的希亚拉瓦莱镇，是意大利历史上第一位学医的女性和第一位女医学博士，是20世纪享誉全球的幼儿教育家。1907年，蒙台梭利在罗马贫民区建立"幼儿之家"，招收3～6岁的幼儿进行教育。她运用自己独创的方法进行教学，结果出现了惊人的效果——那些普通的、贫寒家庭的幼儿，几年后，心智发生了巨大的改变，被培养成一个个聪明自信、有教养的、生机勃勃的少年英才。她所创立的独特的幼儿教育法轰动了整个欧洲，而关于这些奇妙幼儿的报道像野火一样迅速蔓延。人们仿照蒙台梭利的模式建立了许多"幼儿之家"。蒙台梭利的学前教育思想

和实践对 20 世纪以来世界各国，特别是欧美国家的幼儿教育产生了深刻的影响，促进了现代幼儿教育的改革和发展，她被誉为"幼儿世纪的代表"。蒙台梭利从事了半个多世纪的早期教育实验与研究，她的教学方法从智力训练、感觉训练到运动训练，从尊重自由到建立意志，从平民教育到贵族教育，不一而足。"蒙台梭利是 20 世纪赢得欧洲和世界承认的最伟大的、科学的和进步的教育家之一。"

2. 蒙台梭利教育的环境观

蒙台梭利认为，环境是一种时机，它为幼儿提供了心理发展的必要条件，幼儿的发展必须通过与环境的交往而取得经验。教育的任务在于通过掌握好环境，从而改进环境，进而促进有内在潜能的生命爆发。"幼儿只有在一个不受约束的环境中，即在一个与他年龄相适合的环境中，他的心理、生理才会自然发展并展现他内心的秘密。如果不坚持这条原则，那么今后的教育只能使人更深地陷入无穷的混乱中。""若是唤醒他们内在的生命，加以鼓舞，那么便可以掌握所有幼儿的心，也许一个信号或一句话便足以影响他们。"蒙台梭利特别强调环境在幼儿发展中的重要作用，认为幼儿的发展是与"有准备的环境"相互作用的结果。有准备的环境，是满足人在成长过程中生理和心理需求的环境，它包括以下要素。

（1）有秩序的环境。对于幼儿来说，秩序感是其生命的自然本质之一。幼儿会以秩序感为中心运用智慧，进行区分、模拟的操作，将周围的事物加以内化。如果没有秩序，一切事物都将导致混乱，幼儿会因此失去方向感。因此，秩序必须存在于准备好的环境中的每一个部分。

蒙台梭利教室比传统的教室在摆设上更有秩序及结构，但她生怕这种主张被人误解为是一种呆板、无生气的学习情境，因而一再强调外在环境的结构只是为配合幼儿的学习，教师们应视幼儿的需要适时地更换，在有结构的秩序中仍可保有相当大的弹性变换空间。

（2）可自由操作的环境。蒙台梭利认为，幼儿只有在自由、开放及没有压力的环境下，才能将自己的学习潜能发挥到极致。对活动材料有所限制或过多的材料，都会使幼儿难以选择并导致幼儿注意力不集中。但幼儿的自由必须以不侵犯他人利益为前提，对于可能侵犯或干扰到别人，或者是可能造成伤害的行为，必须加以制止。在蒙台梭利教室，只有幼儿的粗野破坏行为会受到限制，其他一切无论任何意图或任何形态的活动，不但是被允许的，而且教师必须进行观察。幼儿在学习上的自由，表现为可以依照兴趣选择玩具，也可以依照喜好选择学习的地点及时间。她认为，教室内外是开放空间，只要幼儿喜欢，他们可以整天自由地进出。因此，蒙台梭利教室的一大特点是没有所谓的上课或下课时间，幼儿之间可以相互观摩学习，是一种混龄式的教学。此外，蒙台梭利教室中没有传统教学惯用的比赛或奖惩制度，以避免阻碍幼儿们学习上的自由。

（3）真实与自然的环境。蒙台梭利指出，真实与自然的环境，有助于幼儿发展探索内外世界所需的安全感。出于与幼儿发展步调相一致的要求，蒙台梭利教室中的各种设备，其尺寸都是适合幼儿自由操作的真实物品，如冰箱、电话、炉子、水槽、玻璃杯、熨斗等；而且每种教具都只有一件，这也是现实情况的反映。同时，鼓励同一教室的幼儿共同使用一套教具，如此可从中学习到耐心等待及尊重别人。另外，必须设法让幼儿有机会接触自然的环境，让幼儿照顾动、植物；让幼儿有充裕的时间在林野乡间活动，与自然做最真实的接触，让幼儿认识与欣赏自然的秩序、和谐与美。

（4）美的环境。蒙台梭利认为，幼儿最初的活动欲是由美引起的，而真正的美则以简洁为基础。因此，蒙台梭利教室的布置不强调豪华铺陈，也无须装潢得太精巧，但是每一件物品都必须具有吸引幼儿的特质，不论颜色、光泽、形状都必须具有美的感觉。

蒙台梭利认为，轻松、温暖、温馨、和谐的教室气氛有利于吸引幼儿乐于参与其中。就教室墙壁上的布置而言，应以幼儿创作的作品为主，这样的环境更能发展幼儿对环境的亲切感与归属感，同时成为幼儿工作上的一种刺激。

蒙台梭利认为，"幼儿之家"可作为"有准备的环境"的一个范本。她说"幼儿之家"并没有什么固定的形式，而是给幼儿提供了活动和发展的一种环境。可见，蒙台梭利的"有准备的环境"就是一个符合幼儿需要的真实环境，是一个供给幼儿身心发展所需的活动、练习的环境，是一个充满自由、爱、营养、快乐与便利的环境。

（三）陈鹤琴"活教育"的环境观

1. 陈鹤琴及其"活教育"思想

陈鹤琴（1892—1982），中国教育家、幼儿教育家、幼儿心理学家，是中国现代幼儿心理学和幼儿教育学研究的奠基人，他初步建立了中国化、科学化的幼儿教育理论体系，被称为"中国幼教之父""中国的福禄贝尔"。陈鹤琴1923年在南京鼓楼头条巷自家客厅里创建了中国第一所实验幼稚园，1925年将其扩建为中国最早的幼儿教育实验中心南京鼓楼幼儿园，并正式对外招生。鼓楼幼儿园在教具、教材、教法等方面的试验结果，成为国民政府教育部1932年颁布的《幼稚园课程标准》的基础，成为我国幼儿园课程改革的先驱。陈鹤琴对当时国外的幼儿教育课程大量充斥中国幼稚园的状况十分不满，与张宗麟等人一起进行了幼儿园课程中国化和科学化探索，不久又筹建了我国第一个幼儿教育研究中心，他亲自从事并领导幼儿园的课程、设备等方面的研究工作。1940年，他提出了"活教育"思想，极大地推动了中国幼儿园课程的发展。1945年，他提出"五指教学法"，主张幼儿教育如同手指与手掌，应当涵盖健康、科学、社会、艺术、语文五种基本项目；手指与手掌骨肉相连，不能单独而存，因此要注意教材的连贯性及整体性。陈鹤琴在长期的实践和理论研究的基础上，提出了许多适合我国国情和幼儿心理的教育主张和课程思想，他的幼儿教育著述近400万字，其中尤以"活教育"思想影响最大。"活教育"思想是由我国学者提出的第一套系统的教育理论和方法体系。

什么是"活教育"？陈鹤琴为了将当时的死教育变为前进的、主动的、有生气的教育，提出了要使教师"教活书、活教书、教书活"，使幼儿"读活书、活读书、读书活"的教育主张，并把这一教育主张定义为"活教育"。陈鹤琴"活教育"理论的内涵主要体现在"三论"（目的论、课程论、方法论）和"两大原则"（教学原则、训育原则）中，其核心是要让幼儿从"做"中获得身心全面发展。

（1）三论

第一，目的论。"活教育"的目标是"做人，做中国人，做现代中国人"；路径是"做中学，做中教，做中求进步"；具体做法是"大自然、大社会，都是活教材"。前提条件要具备健全的身体，要有建设的能力，要有创造的能力，要有合作的态度，要有服务的精神。陈鹤琴说："如果我们训练的幼儿，熟悉各种知识和技能，可是不知服务，不知如何去帮助人，那这种教育可以说全无意义。"他认为，"活教育"的目的，就是要教育幼儿知道应该帮助别人，知道为大众服务，具备服务的精神。

第二，课程论。陈鹤琴的"活教育"课程大致有五类，亦即所谓"五指活动"：幼儿健康活动（包括体育、卫生等学科），幼儿社会活动（包括史地、公民、常识等学科），幼儿自然活动（包括动、植、矿、理化、算术等学科），幼儿艺术活动（包括音乐、图画、工艺等学科），幼儿文学活动（包括读、作、写、说等学科）。

第三，方法论。陈鹤琴说："活教育的教学方法也有一个基本的原则，即

'做中学，做中教，做中求进步'。""活教育"的教学更重视户外活动，着重于生活的体验，以实物为研究对象，以书籍为辅佐的参考，即更注重直接经验而非间接知识。"活教育"把直接经验当作人们进步的最大动力，教学过程也相应地分为四步：实验观察、阅读参考、发表创作和批评研讨。

（2）两大原则

陈鹤琴提出："凡是幼儿自己能够做的，应当让他自己做""凡是幼儿自己能够想的，应当让他自己想""你要幼儿怎样做，就应当教幼儿怎样学""鼓励幼儿去发现他自己的世界""积极的鼓励胜于消极的制裁""积极的暗示胜于消极的命令"等。这体现的便是他的教学原则与训育原则。

2. 陈鹤琴"活教育"的内涵

陈鹤琴认为，幼儿园的课程应以"幼儿的环境"为中心。他在《我们的主张》一文中指出，"我们应当把幼稚园的课程打成一片，成为有系统的组织。但是这种有系统的东西应当以什么为中心呢？这当然要根据幼儿的环境"。那么，幼儿的环境包括什么呢？"幼儿的环境不外乎两种：自然的环境和社会的环境。自然的环境就是各种动植物的现象；社会的环境就是个人、家庭、集体等类的交往。"由于这两种环境是幼儿天天要接触的，所以我们应当利用这两种环境作为幼儿园课程的中心。总之，大自然、大社会是我们的"活教材"，我们应当注意环境、利用环境。

陈鹤琴还认为，"所有的课程都要从人生实际生活与经验里选出来"，切合人生的课程内容应是"幼儿的一饮一食，一草一木的接触，灿烂的玩具用品"。当课程内容取材于幼儿的生活经验时，幼儿将产生极大的兴趣和热情，会更积极主动地运用其心智去探索、发现和尝试，去寻求对自己所熟悉的世界的更深刻的理解。同时，源自幼儿真实生活中的课程是不以获取新异的、可资炫耀的知识为目标的，它能够充分揭示幼儿日常生活的意义。这种源自生活的课程内容观，强调尊重幼儿的特点、兴趣、爱好、动机，是建立在幼儿真正需要的基础上的，真正体现了幼儿在学习活动中的主体地位和课程内容选择的适宜性原则。

（四）华德福教育的环境观

华德福教育（Waldorf Education）的创始人——奥地利哲学家、教育家鲁道夫·斯坦纳，于1919年在德国创办了第一所华德福学校。如今，实践这种教育体系的学校都被称为"华德福学校"或"斯坦纳学校"，它遍布于全球50

多个国家。其中，华德福幼儿园的建筑被称为"有机建筑"，它强调提供一种让幼儿感受到快乐、得到支持、能健康成长的环境。

游戏环境——幼儿的花园。花园可以是屋后的自家花园，或几个家庭共享的花园，或者是住宅区的花园。理想的幼儿花园应像潺潺溪水流经的果园，最好能有几种果树，如苹果树、梨树、李子树等，还可以种些其他能让幼儿爬的树。一块空地是必需的，也许就在树下，或用树枝、树皮铺的场地，以免雨天太泥泞，但又能让幼儿挖掘，有条件的话做个沙坑。如果园中有种花的地方，幼儿就能看到缤纷的花朵，闻到诱人的花香。

室内的环境。如果不能单独有一个房间，那么可以设计一个游戏角，里面应有摆放玩具和珍藏品的架子，有存放物品的大小不同的篮子或盒子，重要的是任何东西都有它的位置，既能收拾整齐，又能重新找到；有一个地方专门放珍藏品，如季节性的果实、花、小石子、贝壳、喜欢的明信片；老式的衣服架，或类似能站住的木架，可以把布罩在上面，像一个帐篷；一篮子各种颜色的布，可以挂在衣架上，也可以当作河流、田野、小山，还可以穿在娃娃身上；不同大小和尺寸的木块，干燥并涂过油，有些是方形的，可以摞起来，有些是圆木或半圆木，它们的用处远远超过规则的积木；为游戏收集的石头、卵石、果子、松果等；一张小桌子有无数的用处；几张结实并易于携带的小板凳，它们可以变成任何东西。

以上是华德福教育中推崇的环境创设。在这样的环境中，我们看到华德福教育强调的是以下几点。

1. 重视孩子与自然的关系

华德福教育在环境中十分强调幼儿与自然的关系。华德福教育认为，心灵反映大自然的节奏，自然的秘密存在于我们的天性和与自然界之间的关系中，让幼儿熟悉大自然很重要。首先从环境的创设上，无论是环境素材还是操作材料，更多地保留自然的本真性；其次在课程设置上，也多与自然相关，引导幼儿体会对美的天然感觉，让幼儿关心周围的世界。在音乐活动中，可以利用五种木头探索音色——橡树、核桃树、樱桃树、桦树和松树，以相同的方法敲击每种木头时，会发现每种木头不同的音质。

2. 提供自我教育的环境

华德福教育认为，内在的自我有低级和高级两种存在方式。低级的部分以自我为中心，满足我们情绪和肉体上的欲望，避苦趋乐；高级的自我不被我们所知，引导我们去体验我们需要的经历，它比我们更明智，因为它包含待实现的未来。华德福教育强调环境能够真正展现幼儿的潜能，在学习过程中赋予幼儿丰富的生命力，激发幼儿内在的自我。在这样的环境中，一切的创设从幼儿的视角出发，时常考虑的是幼儿喜欢的环境是什么，环境中的各类设施如何满足幼儿使用的便利。环境强调的是朴素，尽可能取材于生活；材料强调的是天然，尽可能取材于自然。在华德福教育中，以自我教育为主，如在植物学的学习中，鼓励幼儿去观察自然，启发幼儿将学到的内容和人联系起来，让他们领悟到人在保护环境中的重要性。华德福教育是人智学对人类本性的真知灼见。

3. 注重回归实践的环境

华德福教育强调，"双脚站在大地上"，认为幼儿的生长不是向上长，而是向下长。因此，华德福教育强调将课程中学到的内容应用到实践中。在物理教育中，教师应尽量从生活中总结出物理概念，富有创意地把物理现象呈现给幼儿，引发他们的思考。在不同的季节，幼儿学习体验不同的课程，紧密联系其生活的世界和所处的环境。因为学生与课程或材料形成自己的独特联系，他们会积极做出响应。和其他方式相比，这种方式能使学生更快地进入学习境界。不同的环境观代表着不同的教育理念，并在这种教育理念下去生发。我们要学习从多维的角度去看待问题，吸取不同的环境视角，为我所用。

五、幼儿园环境创设评价

环境是幼儿园教育最重要的课程资源。重视幼儿成长和学习的环境，积极开发和利用环境因素，对幼儿成长、发展的巨大作用是当今幼儿教育改革的一大趋势。《幼儿园教育指导纲要》指出："幼儿园应为幼儿提供健康、丰富的生活和活动环境，满足他们多方面发展的需要，使他们在快乐的童年生活中获得有益于身心发展的经验。"幼儿园创设的环境能多大程度满足幼儿发展的需要、是否具有教育价值，则需要开展幼儿园环境创设评价。

（一）幼儿园环境创设评价的概念

评价即为评定价值，是一个价值判断的过程。评价与价值总是联系在一起的。评价中必然依存着评价主体和评价客体（评价的对象）。因此，评价也就是关于一定客体对一定主体而言有无价值、有什么价值、有多大价值的判断。

价值判断的基本前提是依据相应的评价标准，且评判标准是符合主体的价值标准。

幼儿园环境创设评价是指依据一定的评价标准，对幼儿园创设的环境是否满足幼儿身心健康发展的需要及其满足幼儿身心健康发展需要的程度所进行的价值判断过程。幼儿园环境创设评价包含两个基本观点：一是幼儿身心健康发展的需要是评价主体判断幼儿园环境创设是否具有价值的标准，不论评价主体是哪种身份，从教育行政人员、幼教专家，到园长、教师、家长乃至幼儿，评价的尺度都是幼儿身心健康发展的需要；二是进行幼儿园环境创设评价必须依据一定的评价标准，且该评价标准是符合评价主体价值取向的。

（二）幼儿园环境创设评价的原则

幼儿园环境创设评价原则是评价主体在对幼儿园环境创设评价过程中必须遵循的评价行为准则，它是指导幼儿园环境创设评价活动的一般原理，是对幼儿园环境创设评价工作提出的基本要求。幼儿园环境创设评价至少应包括以下几条基本原则。

1. 客观性原则

制定评价标准时要坚持从客观实际出发、从评价目的出发，整体考量评价指标能否真实客观反映现状，不能只考虑局部需要。客观、可操作的评价标准能给评价对象指明发展方向，激发评价对象积极向上的奋斗精神。而主观的，或仅从某种需要出发而制定的标准，则可能导致评价对象工作积极性的挫伤，从而影响幼儿园的发展；同时，在进行幼儿园环境创设评价时，必须以客观、实事求是的态度，坚持客观、统一的评价标准，而不能凭评价者主观意愿或个人喜好随意评价。

2. 全面性原则

对幼儿园环境创设进行评价时，必须制定评价标准。全面性原则有三层含义：第一，是指在制定评价标准时，不应片面突出某一个或某几个方面，忽略其他方面，而应对评价对象的各个方面进行了解，如在幼儿园环境创设评价中要从园级环境创设、班级环境创设、户外环境创设等方面全面地对整个幼儿园的所有环境创设进行评价；第二，坚持全面性原则应根据各评价内容的主次轻重给予适当的权重，如在评价标准中会根据各项目对幼儿发展的不同作用及重要性给予不同比重的分值；第三，全面性原则还体现在收集评价内容的相关信息时应注重对信息整体、全面的采集。例如，在对幼儿园环境创设进行评价时，除了收集"眼见为实"的数据，即评价者根据自己观察到的实际情况记录相关数据与信息，还应在必要时向园长、教师、幼儿甚至家长进行询问，或与评价对象一起进行核实与评定，这样才能收集到全面的信息，反映出评价对象真实的状况，避免评价失真。

3. 发展性原则

对幼儿园环境创设做出评价，不仅是面向幼儿园环境创设的过去，更是面向幼儿园环境创设的未来，而且要以幼儿园的未来发展为目的。这里的发展性包含以下两个层面含义。

一是对幼儿园环境创设进行评估与分析的过程中要坚持发展的视角。评价是为了促进幼儿园自身的不断发展，是为了促进幼儿园环境创设工作不断进步。认真分析成绩或问题，找准原因，并有针对性地提出意见或建议，以便幼儿园更好地改进问题。只有摒弃从前为了评价而评价的观念，才能使评价过程成为诊断、学习、反思、改进、完善的过程，才能使幼儿园环境创设评价成为促进幼儿园在原有水平上获得新发展的推动力，真正发挥评价促进幼儿园持续发展的功能。

二是指通过评价最终实现幼儿的全面发展。环境创设既要保障幼儿健康、安全地成长，体现保育性质，又要促进幼儿各方面得以发展，体现教育性质。幼儿园环境创设的目的最终必然指向幼儿的发展，如果在评价内容中不考虑幼儿的发展，也就忽视了评价的根本。因此，对幼儿园环境创设进行评价的最终目的是要增强幼儿与环境互动的实效性，让幼儿在与环境的充分互动中探索、发展，获得成长。

4. 一致性原则

一致性原则是指不同评价主体在对同一评价对象（幼儿园环境创设）实施评价时，应采用一致的标准对相同的内容进行评价。无论评价主体是什么身份、角色，都不能随意增减评价的项目、内容和更改标准。但由于不同评价对象自身的客观条件是不同的，这就决定了一致性原则可以体现出层次性要求，即在相同评价内容下的分层标准。例如，对不同等级的幼儿园环境创设进行评价，一级园与三级园应有不同的要求，如达标分值不同、各项目要达到的程度不同等。如果强求一致，就失去了公平性。

5.静态评价与动态评价相结合的原则

在幼儿园环境创设评价中，静态评价就是对评价对象——幼儿园环境创设已经达到的水平或已经具备的条件进行判断，在评价时着重考察评价当日幼儿园环境创设呈现出来的状态，而不考虑幼儿园环境以往的情况，也不考虑今后环境创设的发展趋势及对环境的利用情况。静态评价的优点是便于不同园所环境创设之间的横向比较，缺点则是不容易看到本园环境的过去、现在、将来之间的动态变化，也不容易关注到对已有环境的利用情况。动态评价是指对评价对象的发展状态的评价，即着重于对评价对象自身的纵向比较，考察的是幼儿园环境在过去、现在及未来的利用情况。

在现有的评价体系（如省市级等级园、示范园评审细则）中较为重视条件质量，如注重硬件设施、环境打造等物质条件是否达到要求，对呈现出的环境、材料的静态情况进行评价，而忽视了对动态因素的评价，如对硬件使用频率及使用效能、幼儿与环境互动及使用材料的情况的关注。幼儿园环境创设能否为幼儿提供有益的学习经验并符合其发展需要，教师的教育教学管理过程对教育环境的创设与利用，一日生活中幼儿与环境、材料的有效互动等动态因素，也应作为幼儿园环境创设评价关注的因素。

六、"三位一体"协同创设幼儿环境

谁来创设幼儿园环境，这是关系到教师在环境创设中的自我定位问题。我们在幼儿园有时会看到这样一些现象：幼儿园墙面布置得五花八门，走进某某班，眼前眼花缭乱，这面墙布置的是"秋天的收获"，那面墙布置的是"我爱田野"，还有面墙布置的是"绿色家园"，让人一头雾水，不知道他们班现在开展哪个主题。又如，某班正在开展区域活动，幼儿无精打采地摆弄着上个主题留下来的材料。幼儿对这些材料已玩得滚瓜烂熟，丝毫不感兴趣，不到5分钟，有些幼儿便离开区域到处乱跑，有些幼儿还在区域与同伴聊天，还有些幼儿甚至开始破坏操作材料……教师从这个区跑到那个区，指导得非常辛苦，却没取得应有的良好效果。

环境创设是幼儿园教育活动中非常重要的一个环节。造成以上现象的原因在于不少幼儿园环境创设中教师动手动脑多，幼儿动手动脑少；教师设想计划多，幼儿设想计划少。由于环境创设是从教师的设想和愿望出发的，没有考虑到幼儿的兴趣、需要和现有发展水平，因而所创设的环境便失去了影响和促进幼儿发展的教育价值。

陈鹤琴先生曾经说，"室内布置应以幼儿成绩为主，幼儿画的图画，剪的剪贴，做的纸工、泥工、木工和其他手工，都应该陈列出来，这样可以鼓励幼儿……"他还指出，"环境的布置只有通过幼儿的双手和大脑，通过幼儿思想和双手所布置的环境可使他们对环境中的事物更加认识，也更加爱护"。换言之，幼儿园的环境创设要让幼儿主动积极参与，这样才能取得良好的效果。

瑞吉欧教育主张教师与幼儿之间就如同打乒乓球，教师要善于接幼儿抛过来的球，再将一定难度的球回打给幼儿，在往复循环中使幼儿获得自主性发展。那么，在幼儿园日常保教活动中，究竟谁是环境创设的主体？谁又是真正的主导？教师、幼儿及家长的角色、位置如何摆正？这些问题是每位幼儿园教师都需要努力探明的。

（一）幼儿是环境创设的主体

如今，环境的教育价值已经引起了幼教工作者的极大关注。环境不再只是一种背景，一种支持性手段，而是一种活的课程。幼儿园的环境创设应努力摒弃过去"教师布置、幼儿游戏"的方式，只有让幼儿们按照自己的意愿和想法来创设环境，他们才能真正成为环境的主人，这样的环境才会真正具有促进幼儿发展的教育意义。

1. 让幼儿参与环境创设

幼儿是一切活动的主体。我们应该让幼儿按照自己的意愿和想法来设计、布置环境，使他们真正成为环境创设的主人，这对幼儿来说具有极好的教育意义。其实，那些在我们看起来不美、不像、不起眼却出自幼儿之手的作品，倒是幼儿们真正喜欢的。在幼儿园的一日生活过程中，相伴幼儿的是丰富多样的环境。对于幼儿的发展，环境起着潜移默化的作用。通过自己的主动参与、亲自动手布置环境，幼儿因此获得更多的探索空间和锻炼机会，学会与人合作、与人交往，学会探究和学习，进而丰富自己的原有经验，促进认知的发展和能力的提高。

2. 从幼儿的角度创设环境

不少教师常有这样的感慨，她们辛苦创设出来的环境，幼儿就是不感兴趣，不愿意玩。究竟是为什么？这里面的原因很多，也许因为环境布置得不够美观，不能吸引幼儿的眼球；或者因为项目本身的内容就不适应幼儿的需要和兴趣；或者环境布置一成不变，教师没有随着时间阶段的变化和幼儿的兴趣及需要而对教育环境进行动态调整。以游戏环境为例，如社会游戏"理发店"，幼儿们已经连续玩了一周，到了第二周，再让他们去"理发店"玩，还会有多少幼儿对它感兴趣呢？幼儿的游戏兴趣点常常是快速转换的，有的甚至稍纵即逝。如果我们把各种游戏罗列出来，统筹规划，制定出一个计划，将各种类型的游戏全面而又不雷同地穿插于每一周的每一天，不断更换花样，不断给幼儿以新鲜感，那么幼儿的活动兴趣就会始终高涨。因此，教师在环境创设中，一方面要充分考虑幼儿的生理、心理特点，另一方面要灵活机动地从空间和时间上加以考虑，始终着眼于幼儿的发展，随着幼儿的兴趣和需要不断变化，力求环境创设更加有利于引导幼儿的活动，以达到我们预期的环境对促进幼儿发展的教育目标。

3. 增强幼儿与环境的互动性

怎样的环境才能真正引发幼儿的互动？除了环境的内容、材料适合幼儿的经验和需要之外，很重要的一方面是在环境创设中需要师幼共同参与，坚持师幼共同讨论主题，共同设计与布局。只有这样，才能不断地促进幼儿与环境材料进行相互作用，从而实现环境与幼儿的对话，促进幼儿与环境的互动。比如，开学初，某幼儿园大班教师将幼儿们的注意力引导到空白的环境上，鼓励他们自己商量讨论，在观察、了解幼儿兴趣和需要的基础上，最后师幼共同商讨确定主题为《祖国妈妈真伟大》的环境内容。在教师的启发下，师幼共同收集材料、分工协作，从家里带来旅游的照片，反映各地风俗文化的特产、纪念品等；然后开始布置，有的画，有的剪，还有的粘贴，在主体环境上，有首都北京的天安门，有上海的东方明珠，有雄伟的长城，还有江西美丽的庐山、井冈山……当整个环境创设完成时，幼儿们兴奋极了，他们不仅被自己创设出来的环境中特有的艺术美深深吸引，还体验到了合作的快乐、成功的喜悦。在这个过程中，幼儿的积极性、主动性得到了充分的发挥，他们真正成了环境创设的主人。

4. 引导幼儿创设真正属于自己的环境

每位幼儿都有自己的优势智力领域和弱势智力领域。教师要通过环境创设引导幼儿克服困难，帮助幼儿将从事优势智力领域时表现出来的智力特点和意志品质迁移到弱势智力领域，及时肯定和赞扬幼儿在活动中的进步表现，并适时地提出下一步的努力方向，巩固幼儿取得的成果。

教师在环境创设过程中，应更多地着眼于幼儿已有的经验和能力，让幼儿在自主探索中发现问题，寻找答案，丰富知识和技能；同时，通过幼儿与环境的互动，促使幼儿学习一些他们原来没有的或原来无法理解和掌握的知识、技能和经验。环境的创设要能鼓舞幼儿"士气"、帮助幼儿克服困难，并且能在关键时刻成为给予有力援助的"后盾"。幼儿在教师的指导、关心、鼓舞、启发和帮助下，会产生一种试图按照自己的意愿和设计去进行环境创设的强烈动机，从而专心致志于自主活动，并从活动中获得知识、经验，以及活动过程和结果带来的乐趣。这也为幼儿继续主动参与新的环境创设奠定了良好的基础。

5. 分享环境创设的成果

现代教育理念强调让幼儿充分展示自己的学习成果，让幼儿有更多的时间和机会与教师、同伴、家长、客人共同分享自己的劳动成果。这种做法有利于幼儿口语表达能力的发展和幼儿对问题深入探索、研究的兴趣。教师要学会倾听幼儿，并为幼儿讲述、表达提供环境条件支持，和幼儿共同体验活动的快乐。当幼儿通过自己的努力，完成了一幅墙面布置、创设了一个活动区域、解决了某个操作环节的问题时，教师要以比幼儿更喜悦的心情、表情、动作表现出对幼儿的赞赏。幼儿在感到教师、同伴和其他成人认可自己的成果时，就会产生一种成就感，进而产生强烈的学习愿望，树立更强的自信心，有利于朝着更高的目标前进。

6. 反思自身的教育行为

"反思能力"是时代对幼儿教师的新要求。研究表明，对教师与幼儿关系状况最有影响力的，不是教师的学历水平或者性格倾向，而是教师个人所具备的反思能力。如果一位教师能够在教育实践中注意思考幼儿园内发生的每一件事情及其对幼儿发展的意义，留心自己的教育行为对幼儿情感体验的影响，那么教师便会及时调整自己的工作方式，对幼儿采取积极的支持性的态度和行为，从而与幼儿形成和谐的师幼关系。教学反思对提高幼儿教师的教育水平具有重要意义。大凡优秀的教师都是经过"实践—反思—总结"这条途径成长起来的。如果教师不能将与幼儿进行互动的具体过程作为自己反思的内容，不能从互动过程中带给幼儿的影响去推断自己的行为的适应性与合理性，那么教师即便投入了大量的精力、做了大量的总结，也不可能给师幼互动的现状带来明显的改变。在环境创设和与环境互动的过程中，在每一次活动后，教师借助"教育叙事"或其他形式进行反思与评价，都能够有效促进自身的专业成长。

（二）家长是环境创设的支持者和参与者

家长和教师具有共同创设环境的责任，而且，通过环境创设能激发幼儿家长对幼儿园教育的深度参与。家长运用各自的特长、知识和技能参与到富有创意的环境创设活动中，一方面能让家长认识到环境对幼儿发展的意义，有效地解决幼儿在园内个性化学习的问题；另一方面有助于提升家长与幼儿的沟通技巧，促进教师、家长和幼儿与环境的互动，最大限度地发挥环境的育人作用。同时，家长真正成为幼儿园环境教育的理解者、欣赏者、响应者、支持者、参与者，能给教师和幼儿更开阔的视野，拓宽环境创设表达的途径和手法。

（三）教师是环境创设的主导

要真正让幼儿成为环境创设的主人，教师在环境创设中应扮演什么角色？是不是可以完全放手让幼儿们自导自演，教师只在旁边做旁观者就行了？其实不然，不管我们怎样突出、强调让幼儿成为环境主人的理念，如果没有教师的主导作用（组织、创意、引导）的有效发挥，幼儿园环境创设工作就不能很好地完成，即使勉强完成，恐怕也难以体现并发挥环境育人的作用。在环境创设过程中，教师是活动的设计者、组织者、主导者，必须全面考虑、统筹协调，既要懂得如何追随幼儿，创设平等、和谐、民主的教育环境，也要知道如何充分发挥幼儿积极、能动的主体性作用，协调环境、主体、资源等多种因素之间的关系，开发和利用一切有益的教育资源，精心设计具有发展价值的问题。

如果把教师、幼儿、家长比喻成三角形的三条边，那么唯有三者紧密配合、互相支持，才能使这"三角关系"最稳固、最和谐、最有效。幼儿园环境创设需要教师、幼儿、家长的默契配合，只有这样，才能真正有效促进幼儿的发展，为幼儿的可持续发展奠定基础。

七、各类户外环境创设案例

（一）国内幼儿园户外环境创设示例

1. 十堰 A+ 自然幼儿园

十堰 A+ 自然幼儿园是基于现有的建筑物改造而成的，是国内常见的小区配套园，拥有清晰的规划结构，简单的建筑外观，起初处于废墟状态。所不同的是，该项目委托的是一个具有专业建筑设计师、室内设计师、服装设计师、机械工程设计师等非常专业的团队。随着建筑的建成和正式投入使用，这个历经一年多设计和建造的幼儿园也开启了它真正的生命旅程。学校秉承自然主义教育理念，注重幼儿心理健康、品格成长教育，顺应幼儿自然天性，开发幼儿潜能，让十堰幼儿提升格局、走向世界。设计师希望幼儿们的进入，可以令这个校园呈现出更为多样的姿态。"源于自然，自然而然"，设计团队用视觉语言勾勒给幼儿天马行空的认知空间。

2. 名山幼儿园——蓝院子设计

名山幼儿园平面布局为南北两排班级教室，通过走廊连接成向东开口的半围合形，改造前的主要负面评价是室内空间封闭、混杂，户外活动场地局促、单调，对幼儿活动的支持匮乏、消极。改造设计的任务聚焦在重新组织原有建筑的室内外空间的关系，使用尽量朴素、低廉的材料和构造提升空间的质量及可玩度。可玩的意思是从幼儿的视角来理解，建筑本身有趣，激发幼儿的想象力，鼓励幼儿们自己去玩耍。从整理室内外空间水平及垂直联系入手，对原有公共空间的脉络通过打通、连接、附加等手段使其更加连通、完整，赋予流线更多的选择和冗余度。公共空间在基本的交通功能之外，转变为幼儿的游戏场所。激活外围的通道，把零散的户外空间串联在一起，室内外空间相互嵌套缠绕起来，原本孤立的中心庭院因此变得四通八达。地面层全部用于公共活动，除结构和必要的墙体外，尽量打开室内外空间的边界。在玻璃钢隔栅呵护下的户外空间构成了建筑最外圈层的景观环境，把原建筑的半围合形平面补全为完整的环形，嵌入游戏教学和景观设施。建筑西侧的户外楼梯和栈桥从地面连接到二、三层室内走廊并延伸到屋顶运动场，帮助室内外形成更多的路径回路。

三面围合的中心庭院朝东开放，三层落地的玻璃幕墙意味着室内通高空间和中心庭院二者密不可分。这种状态给设计创造了一个想象的空间，被发展成音乐厅一般的场景，三个楼层走廊外侧的木质透光墙作为光线的媒介，赋予了这个场景的表演性。庭院和走廊对应于舞台和观众席，随着光线条件变化，二者的角色也会互换，而中心庭院亦因此真正实现了作为中心的意义。

蓝院子的设计可以归结为一个简单的愿望——还给生活在其中的幼儿们一小片纯净的空间，特别适合游戏，角角落落之间不时会发现一些散布其间的有趣的东西。

（二）国外幼儿园户外环境创设案例

与国内幼儿园建筑不同的是，国外幼儿园较少有塑胶跑道类的人造设施，大多是天然的泥地、草地、沙地，普遍重视户外环境与大自然的契合，如日本大阪 KM 幼儿园。该幼儿园是对一所荒废幼儿园进行彻底改造后形成的。该幼儿园设计创造了一个流动的环境来引发幼儿们运动，因此建筑体量的一部分通过坡道与游戏场融为一体，从屋顶可以逐渐到达游戏场，这样可以轻易地推动幼儿们向上运动；此外，还有一个楼梯可以快速通到楼下的游戏场，从而完成追逐和运动的循环。再以意大利 Pederobba 幼儿园为例，整座幼儿园坐落在麦田里，金麦如画，天蓝如景，远离城市的喧嚣，整个建筑与环境相互融合，简洁、纯净且自然，让幼儿们在户外活动中与大自然零接触。

国外幼儿园户外环境创设普遍具有简易朴素的特点，具体表现为"不卡通""不豪华""不现代""不崭新""不气派"，户外没有豪华大型玩具和体育设施。幼儿园户外比较常见的是旧轮胎制作的秋千、木制平衡木、小型塑料滑梯等。玩沙池也是户外环境必不可缺的部分，玩沙池旁放置了铲子、铁锹、耙子和桶等玩沙工具，可以让幼儿们在沙地里自由玩耍。

环保节能也是国外幼儿园户外环境与建筑设计的趋势。幼儿园选择建筑建材要充分考虑节约资源、减少污染和循环再用的可能，大多采用木质材料、生土、草坪等自然材料，对建筑布局、门窗和墙体的设计利用自然气候条件，降低建筑能耗。例如，哥伦比亚 EIguadual 幼儿中心完全使用耐久材料、洁净水源及清洁能源。

以下选取国外优秀的幼儿园设计案例，希望通过不同文化的碰撞，拓宽视野，为国内的幼儿园户外环境的创设提供一些借鉴。

1. 日本大阪 KM 幼儿园

KM 幼儿园位于日本大阪南部，是一所荒废的幼儿园。很久以前，这个地区的纺织业蓬勃发展，后来由于国外廉价劳动力唾手可得，各行各业纷纷迁走，导致当地企业数量大幅下降。设计师主要想解决场地有限导致的幼儿们缺乏锻炼的问题。

为了解决该问题，设计师想创造一个流动的环境，从而自然地引导幼儿们运动。在该园被投入使用后，客户告知设计师，该设计极大地增加了幼儿们的活动。

2. 意大利 Pederobba 幼儿园

Pederobba 幼儿园位于意大利离威尼斯不远的北部城市 Pederobba，坐落在一片田野中，且附近的酒厂在这里种植了大批的葡萄和麦子。幼儿园面向东南方，四周的围墙，从麦田和葡萄酒园看过去，和地势完全融合在一起；粗糙的混凝土墙面刷成了五颜六色，与麦田四季的景色相互呼应。每到秋收时节，人们就能在远处看见原先埋没在田野里鲜艳的幼儿园。

Pederobba 幼儿园由两位来自意大利威尼斯的年轻建筑师 Carlo Cappai 和 Maria Alessandra Segantini 设计。设计师设计幼儿园的初衷是，希望人们以一种舒服的方式进入这片古老的区域，在不同风格的巧妙平衡中找到自己的观赏点，延续这里绵长的记忆，同时为在这里的幼儿们提供一个快乐成长的空间。

墙面设计和内部空间是整个建筑设计中的亮点。墙的设计灵感来自田间的带拱廊，厚重的谷仓，时断时续的墙体使空间更有设计感。围合的墙体对应了各个功能空间，而分开的墙体增加了空间的趣味性，把流畅的组织流线和复杂的空间变化组合在一起，让幼儿园建筑增加了可识别性。建筑的顶部设计模仿了谷仓拱廊的造型，将室内空间向外延伸，直至花园，将田间的鸟语花香带进了教室。室内和室外最巧妙的连接是幼儿园别致的"门"，不仅是通向室内空间的入口，更像通向一个未知奇幻世界的关卡。形状各异的门，朝外的一面都是红色的，而朝向里面的一面却色彩斑斓，选择一些活泼、幼儿们喜欢的颜色。漂浮在现实世界与真实世界之间的门，给幼儿们一个停顿的时间，去思考，去惊讶，去迟疑，去许下一个个美丽的愿望。建筑朝南，南面是一整面玻璃墙，有利于采光。

3. 哥伦比亚 EIguadual 儿童中心

哥伦比亚 EIguadual 幼儿中心，是由 Feldman Quinones 设计的，位于里卡镇，是国家青年战略"De Cero a Siempre"的一部分。这座幼儿中心彻底改变了里卡镇。建筑的竣工典礼标志着为期3年的参与式设计和开发工作终于结束，在这3年中，人们始终坚持不懈地为了他们的自豪感与所有权而不断努力。与当地幼儿、青少年、雇员和社区领导人一起玩猜字游戏，使项目在空间、材料、尺寸、与城市的关系方面有新的起点。整个项目一共持续了9个月，总投资达160万美元。修建学校的资金来自国际合作、私人捐赠及公共集资。整个项目一共聘用了60名当地施工人员及30名早期在青年教育中接受过相关培训的合格女帮工，他们一起完成了施工期间整个建筑的日常工作。

该设施包含十间教室、一个食堂、一系列室内和户外休闲区、半私人的艺术空间、急救室、行政办公室、菜园、水景、公共剧院及市民广场，能够为300名0～5岁的幼儿、100名孕妇及200名新生儿提供食物、教育和卫生服务。丰富的便利设施使"Elguadual"成为一个新的活动中心，进一步拉近了与周边社区之间的关系。课堂中含有各种障碍及多变的因素，使整个教学过程变成了一个充满挑战与乐趣的互动体验过程，这些设计参考了瑞吉欧教学系统。瑞吉欧教学系统是一个用数据构成的心理理论模型。比如，维果斯基与皮亚杰将证明幼儿们的想法能够主导他们的学习，而他们的想法极大程度上取决于自己及周围环境之间的关系。因此，设计师们通过使用山丘、桥梁、楼梯及滑动门窗将配对的空间连接起来，从而通过建筑物营造出一种促进决断思维及个人发展的氛围。

因为整个项目完全使用耐久材料、洁净水源及清洁能源，所以整个项目是一个低技术含量的环保型建筑。室内阳光充足，通风良好，因此学校无须再配备巨大的供热通风与空气调节系统。具有纹理的混凝土墙壁能够吸收热量，从而保持室内空间的凉爽。此外，多层的屋顶能够减弱阳光对室内空间的影响。设计师们采用当代的方式进行植物景观设计，对当地传统的植物景观造型进行了重新审视。这种设计方案不但充分地利用了当地元素，而且对附近的河床起到了保护作用。同时，教师们将幼儿收集的废旧瓶子挂在竹质栅栏的顶端，为其进行装饰与点缀。这种设计能够收集雨水，而收集的雨水可以用于园艺和日常维护，同时，幼儿们和游客们也能有机会见证雨水收集和利用的过程。在利用收集来的雨水的过程中，幼儿们能够与整个收集系统进行互动，因而这一过程又变成了一项娱乐活动。

第三章　幼儿园户外环境中的
游戏化课程研究

第一节　探究性游戏化课程

一、探究性游戏化课程的含义

从教育理论向教育实践转化的中介是课程。因此，建立高质量的学前教育体系的关键是建立高质量的学前教育课程。《幼儿园工作规程》和《纲要》都明确提出，幼儿园"以游戏为基本活动"。这一命题确定了游戏在我国幼儿园教育活动中的地位，成为我们开展游戏化幼儿园课程建设、建构幼儿园游戏化课程的重要依据。

从幼儿园教育到大学教育，每一特定教育阶段的教育，因其教育对象不同而有特定的规律和任务，且都有相应的课程。"幼儿园课程是根据幼儿园教育目标为幼儿设计和组织的、有益于其身心健康和谐发展的全部学习经验"；同时，"幼儿园课程是幼儿园教育活动的总和"。幼儿园应有怎样的课程，一直是幼儿教育领域最受关注的问题。从分科教学到主题单元教学，再到综合课程，无不反映了中国幼教人探索的足迹。《纲要》颁布后，人们关注的重点逐渐转向如何使幼儿园的课程更加适应幼儿发展的脚步，在幼儿成长的早期为其提供宝贵的、终身受益的经验，促使我们思考幼儿到底是以怎样的方式学习的、幼儿在早期成长过程中到底需要什么、哪些课程对于幼儿来说是具有吸引力且能终身受益的等。

什么样的课程是适宜的幼儿园课程呢？我们认为，适宜的幼儿园课程应能满足学前幼儿生理、心理的发展特点和学习特点。学前幼儿心理发展和学习的最大特点是直观性、形象性和操作性。这就决定了书本化的系统知识不是学前幼儿学习的主要内容，玩具才是幼儿的教科书；"你说我听"语言传递式的接受学习不是学前幼儿学习的主要方式，探究发现才是幼儿学习的有效方式。游戏正好可以满足上述要求。游戏离不开玩具和材料，也离不开动作和操作。在游戏中，幼儿通过积极地"做"身体和智力方面的事情来学习，通过游戏获得感官上的满足，促进手眼协调；通过直接经验与动手操作，发现事物之间的关系；把已有的经验运用到游戏中，进一步发展逻辑思维能力。游戏使幼儿亲历探究解决问题的过程，从而学会学习、学会生活，为其终身可持续的发展奠定坚实的基础。由此可见，游戏与教育虽然在本质上是两种不同的活动，但两者都有着促进幼儿发展的共同功能，不过游戏对幼儿具有的是自然发展的功能，而教育对幼儿具有的是引导发展的功能。探究性游戏化课程正是谋求教育与游戏结合与转化的大胆尝试，目的是改变长期以来幼儿园教育中存在的重上课、轻游戏的倾向，突出游戏在幼儿园教育中的地位，实现幼儿园以游戏为基本活动的目标。

幼儿园"游戏化课程"是世界学前教育多元化课程中的模式之一。我们试图在广泛吸收、借鉴国内外同行已有先进经验的基础上，在现代课程理论、幼儿心理发展理论、游戏理论的指导之下，结合地域资源优势及地域特点，系统地以幼儿游戏活动为主线来研究幼儿园的课程设置、环境创设、师资队伍建设、幼儿园管理及幼儿园文化建设等，以游戏整合幼儿园的生活活动、游戏活动和教学活动，强调游戏精神在课程中的体现；关注幼儿的主体地位，尊重幼儿的选择权和决定权；关注环境的创设和材料的提供，保证幼儿愉快地进行有益的、自由的游戏和活动。在活动的过程中生成探索性主题活动，使幼儿在学习中体验到游戏的乐趣；利用游戏因素使幼儿轻松愉快地度过一日生活，更好地促进幼儿身心全面、和谐地发展。正如冯晓霞教授所言："游戏是快乐的学习，学习是求知的游戏。"这既是探究性游戏化课程的设计思想，又是重要的组织策略；既是我们研究的立足点，也是实践的终极目标。

二、探究性游戏化课程的意义

美国幼儿教育协会指出，由幼儿引起的、教师予以支持和鼓励的游戏是专业化的幼儿教育实践的基本构成因素。这种基本的构成因素，无论在幼儿园课程内容，还是在目标实施过程及环境课程中都存在严重的真正意义的游戏缺失。幼儿在幼儿园一日生活中的无游戏或进行无游戏体验的游戏，在目前幼儿园的教育实践中普遍存在。这些对幼儿园课程观念的种种错误认识，是幼儿园探究性游戏化课程改革首先要研究和解决的问题。

（一）探究游戏和儿童的发展是并行的

在游戏中探索学习是幼儿最自然、最感兴趣的学习方式。美国幼儿教育协会（National Association for the Educationof Young Children，NAEYC）于 1986 年极力提倡适合幼儿发展的早期教育方案（Developmentally Appropriate Practicein Early Childhood Programs），其中最为突出的观点是：幼儿最有效的学习是经由一种具体的以游戏定位取向（play-oriented approach）的教育方案。而在大量的幼儿探索性游戏的观察中我们发现，随着幼儿与各种具有课程功能的游戏材料的相互作用过程中，幼儿会产生一系列的问题和游戏方向，并以探索问题为线索推动着游戏不断深入、持续地进行。因此，在幼儿的探索游戏活动中，我们更多地看到幼儿不受外界的影响，完全沉浸在当前的思考和活动之中；我们也惊异地发现幼儿天生就具有无穷的发展潜能，探究性游戏化课程的开放可以给幼儿更大的发展和释放空间。

（二）探究性游戏化课程追求的是高品质的学习过程

幼儿园的游戏理论发展到现在，不再是满足于幼儿无目的的盲目玩耍。游戏化课程不是玩的代名词，而是研究如何使游戏成为幼儿自发产生、自由选择、弹性发展、积极互动、乐在其中的自由探索课程。由此，游戏在探究性游戏化课程中更多表现为活动的形式，将游戏与课程融合，突出游戏的课程功能是当前幼儿园游戏教育改革的一个重要的切入点。

（三）探究性游戏突出了幼儿个性的发展

虽然在幼儿教育的各种理论和法规中都非常强调让每个幼儿都能在不同程度上得到发展，但由于教学的高度教师权威性和集体学习的形式，幼儿在幼儿园的课程甚至游戏活动都处于教师的看管之下，幼儿在幼儿园中的个性化的表达和发展只是一个理想化的目标。因为探索性游戏区域课程的研究和开发，会使幼儿学习和生活的环境发生改变，所以原来开阔的容易造成幼儿喧闹和莽撞游戏的活动空间被分化成单个幼儿可以自由进出的探索游戏空间。开放性的探索游戏活动允许幼儿按照自己的步调来探索，让幼儿在与材料、伙伴、成人的互动中不断建构、统整自己的经验。这种按照个体的方式和速度去学习和成长的课程样式，在幼儿园的教育实践中逐渐成为现实。

三、探究性游戏化课程的特点

（一）游戏性和探究性

探究性游戏化课程的根本是以游戏活动贯穿于幼儿园的一日生活中。能否做到这一点或一种活动是不是游戏，最终的评价者不是教师而是幼儿。游戏应是幼儿的游戏，而非教师的游戏。幼儿是游戏的主体，而游戏是幼儿主动性的活动、独立性的活动、创造性的活动。在这样的活动中，幼儿会产生相应的心理体验，即游戏性体验，包括"行动的自由、自主感体验，对活动内容和方式的兴趣感体验，对事物、行为以及它们之间相互关系的支配感、胜任感体验"等。由此，活动被认可为游戏活动，否则，就会被幼儿认为是"教师的游戏"。探究性游戏化课程关注课程的游戏性，就是要把游戏这种主体性活动作为中心，按照主体性活动的特征与要求来设计和组织幼儿园的教育活动及一日生活，使主动、独立、创造性成为幼儿园的所有学习活动和生活活动的特征。追求让幼儿在幼儿园的各种活动中都能产生和保持游戏性体验，关键是把握好目标的双重性，即对幼儿来说，活动就是玩，目标是内在的，为了游戏而游戏。对教师来说，活动是促进幼儿发展的手段，而发展目标在教师心中，也隐藏在玩具和操作材料之中。"当教育为幼儿提供环境，引导幼儿进入游戏状态，而这种引导不为幼儿认识，但为成人所意识到时，两者就融为一个活动"，这样便使非游戏活动游戏化，真正实现了以游戏为基本活动，从而为幼儿创造出与他们年龄特点相适应的幼儿园生活。

杜威说过，幼儿有调查和探究的本能。因此，探索是幼儿的本能。好奇、好问、好探究是幼儿与生俱来的特点。苏霍姆林斯基明确指出："幼儿就其天性来讲，是富有探索精神的探索者，是世界的发现者。"只有经历探究过程，才能发现事物之间的关系。探索作为游戏的外部可观察到的行为特征，是判断幼儿当前活动性质（游戏／非游戏）的重要指标。通过探索，幼儿可以了解物体的性质，确定当前事物或对象"是什么"；可以发现事物之间的关系，形成有关的概念；还可以探索发现事物的变化与自己动作之间的关系。探究性游戏化课程的探究性，主要表现在幼儿围绕着一个主题，自主观察、探究周围现象和事物，其核心是改变传统的幼儿被动接受知识的传输式学习方式，通过幼儿积极主动的观察、对比、操作和实验，使其充分体验和感受探究与发现所带来的快乐，形成一种对知识主动探求并重视实际问题解决的积极的探究式学习方式。正如《纲要》中要求的，"提供丰富的可操作的材料，为每个幼儿都能运用多种感官、多种方式进行探索提供活动的条件""要尽量创造条件让幼儿实际参加探究活动，使他们感受科学探究的过程和方法，体验发现的乐趣"。我们追求的是：在学前期，幼儿发现一些知识比知道一些知识更为重要。

（二）全面性和启蒙性

探究性游戏化课程将"学生活、学学习、学做事、学做人"作为课程总目标，其具体目标为：身心健康，活泼开朗；乐于学习，好奇探索；自主自信，人际合作和谐；思维活跃，擅于动手实践。

任何课程目标的制定都应考虑"学习者自身""社会要求""学科知识"三方面的需求。探究性游戏化课程在目标制定过程中，特别重视幼儿的年龄特点，追求课程目标是幼儿能接受、可理解的，并使每位幼儿在原有的水平上得到真正的发展。学前教育是全面发展的教育。探究性游戏化课程以实现学前幼儿在身体、认知、情感、个性、社会性等方面的全面、和谐发展为目标，遵循学前教育和保育相结合的原则，做到教育目标和保育目标的融合。这种全面性和基础性，孕育着以后发展的巨大潜能，其中的秩序不可更改、不可逆转。学前阶段也是人生启蒙的阶段。探究性游戏化课程的目标力求使幼儿在原有发展水平的基础上得到初步的身心锻炼和启迪，使幼儿在享有快乐童年的同时，身心得到与其发展水平相适应的发展和提高；强调课程目标的启蒙性，抛弃过高的"知识学习"认知目标，为幼儿终身可持续的发展做初步的准备。人的生命极其宝贵，而生命开始阶段则显得更加重要。在这一阶段，如果经受了适宜课程的熏陶，获得了关键经验，对人的一生将具有重大意义。这也符合联合国教科文组织所提出的 21 世纪"学会生存"的战略目标。

（三）生活性与主体性

"对学前幼儿来说，最有效的学习就是他们感兴趣的学习，最有效的学习内容就是他们可以感知的、具体形象的内容。这种学习内容主要源自幼儿周围的现实生活。"探究性游戏化课程承认幼儿园生活应是幼儿个人生活和社会生活的契合，尊重学习活动与真实世界的关系，强调幼儿的学习活动需要满足真实生活的需要。探究主题来自生活，探究途径融于生活，探究目的是解决幼儿生活中的真实问题。正如我国现代幼儿教育的奠基人陈鹤琴提出的"活教育"理论，强调根据幼儿生活的需要及幼儿的学习兴趣，组织幼儿活动场所，让幼儿直接向大自然和大社会学习。教育家陶行知创立的"生活教育"学说，主张生活即教育，强调幼儿的生活才是幼儿的教育。因此，我们追求幼儿园课程的内容与现实生活的零距离，引发幼儿内在的学习兴趣，促进幼儿有效、真实发展。

主体性是探究性游戏化课程追求生活性的根基。兴趣是主体作用发挥的源泉，也是主体性发展的最基本条件。幼儿园课程的内容与现实生活的距离越近，越能引发幼儿的学习兴趣。幼儿在兴趣的驱使下，就能保持积极主动的精神状态，不仅主体性能得到最大限度的发挥和发展，学习也成为最有效的活动。因此，教师要在教学环境中模拟真实的生活场景，帮助幼儿主动参与到教学活动和游戏之中，与周围的人和环境积极互动，进而探索未知的世界。而当活动的主题来源于幼儿生活，是幼儿所喜欢、感兴趣的时候，幼儿就会主动地学习，主动地调动全部的智慧去发现、去探索、去尝试、去研究，并有效地去同化外部世界，主动构建自己新的认知结构，主动获得发展。探究性游戏化课程追求幼儿的主体意识和自主能力得到最大限度的尊重和张扬，而这正是探究性游戏化课程追求生活性和主体性的目的所在。

为了实现探究性游戏化课程的生活性和主体性，我们基于对幼儿的生活是感性的、真实的、多样的，包含着丰富的教育价值，而游戏是幼儿对社会生活的再现和创造的认识，首先，强调课程来源于生活，幼儿是生活的主人。课程内容的组织是以生活本身的逻辑组织起来的多样化的、感性化的、趣味化的活动，而不是以知识的逻辑组织起来的严格的学科，课程内容是随着生活情境的变化而发生变化的，课程应追随幼儿的经验与生活。其次，课程内容丰富而全面。身体的、认知的、社会的、创造的等方面的内容应融合为一体，保证提供给幼儿的各方面经验是平衡的。再次，幼儿是课程的主体，幼儿的兴趣是确定课程内容的重要依据。课程提供的活动内容和活动材料要符合幼儿的年龄特点，能吸引幼儿主动去探索、去学习。最后，社区是幼儿园课程资源的重要来源。幼儿的生活包括幼儿园的、家庭的、社区的生活等，为了让幼儿有真实的生活经验，不能只是简单地带幼儿走入社区，也应把社区带进幼儿园，通过多方互动，让幼儿接触、感受真正的生活。

（四）互动性与生成性

现代教学论指出，教学是教师"教"与学生"学"的统一，这种统一的实质就是师生之间的互动，即师生之间的交流、沟通及共同发展。联合国教科文组织编写的《学会生存——教育世界的今天和明天》一书对未来教师角色做了这样的描述：现在教师的职责已经越来越少地传递知识，而越来越多地激励思考；教师必须集中更多的时间和精力从事那些有效果的和有创造性的活动；互相了解、影响、激励、鼓舞。可以说，创设师生交往、共同发展的互动教学关系，构建和谐、民主、平等的师生关系，是课程改革的一项重要任务。探究性游戏化课程强调课程中的师幼互动，教师不再只是传授知识，而应该是幼儿活动的合作者、引导者和参与者；师生交往意味着人人参与，意味着平等对话；教师要"关注幼儿在活动中的表现和反应，敏感地观察他们的需要，及时以适当的方式应答，形成合作探究式的师幼互动"。这样的互动包含着智慧的激发与碰撞、经验的交流、情感的共享，每个人都能感受到来自对方的支持。在这样的互动中，教师身上所负载的社会文化不再是以从上至下"倾泻"或"灌输"的方式传递给幼儿，而是一种哺育、一种滋润。实现互动性，首先要求教师走进幼儿的心灵世界，从幼儿的视角去看待他们眼中的世界，把幼儿作为一个独立的人来看；其次，要努力创造条件，给予幼儿充分探索和主动发展的空间，允许幼儿按照自己的想法大胆尝试，有足够的耐心，通过适时、适宜的指导，"等待"着幼儿在探索中主动学习和发展。最后，要求教师能理解幼儿，提高对幼儿行为的领悟能力。这种理解不仅是要观察幼儿的某一个独立的行为，更要结合幼儿的个性特征及其所处的场景对他们的行为做出全面的认识和解释，进而采取有效的教育策略，在与幼儿的互动中促进幼儿发展。

生成性是以互动性为前提和条件的，也是提高课程适宜性的关键。只有在幼儿经验和需要的基础上不断生成的课程，才可能是适宜于幼儿发展的课程。探究性游戏化课程的生成性表现在幼儿园教育的各个方面，如活动区的数量通常是随着主题活动的开展、幼儿经验的增长，由最初的二三个增设至五六个，材料也由易到难、由少到多不断丰富。游戏活动内容随着主题的深入不断拓展，教育活动的主题生成于幼儿的一日生活之中。探究性游戏活动主题的形成，一般有三种方式：一是由幼儿自发生成，二是由师生在活动过程中共同产生，三是由教师根据教育目标及幼儿的年龄特点预先设定。在选择内容、确定主题的过程中，强调"自发性"和"计划性"是幼儿园教育内容选择的两个侧面，既要考虑幼儿生成主题的自发性，又要考虑教师预设的计划性。教师预设主题与幼儿生成主题的结合，体现了教育目的性与幼儿发展可能性之间谋求平衡的发展适宜性教育思想。

（一）探究性游戏化课程符合当今课程改革价值取向转变的要求

任何课程改革都不是简单的、局部的、操作层面的问题，而是从教育思想、教育内容、教育方法、教育技术到教育评价的一系列的变革，其核心是贯穿于这一系列变革之中的教育理念的变革，关键是课程改革的理念能否体现时代特征，体现国家经济和社会发展及人的发展的价值取向。

当今社会，在现代科学技术的大力推动下正在迅速发展，其速度超过了以往任何时候。国际竞争日益激烈，社会结构日益复杂，要求人具有更强的环境适应能力和与自然保持和谐一致的观念、行为，既具有较强的独立性、创造能力和竞争意识，又具有较强的人际交往与合作意识及能力。这就对人的主体性发展与发挥提出了客观的要求，迫切需要教育尽快培养一大批具有创新精神和实践能力，有理想、有道德、有文化、有纪律，德、智、体、美、劳等全面发展的一代新人。主体性作为人发展的核心内容，具体表现为主动活动的动机、独立决策与活动的能力、勇于创造的态度和肯定主体的情感体验等。因此，当今课程改革的终极目标就是促进幼儿主体性的发展，重点就是实现从注重以知识技能传授为价值取向到以注重建构学习主体为价值取向的转变。而主体素质的培育必须以适宜的活动为中介，即要发展和培育幼儿的主体性，就必须满足作为学习和发展主体的幼儿身心发展的客观需要。只有主体需要得到尊重与肯定，幼儿才能真正成为自身学习与发展的主体。

游戏是幼儿最喜爱的活动，能满足幼儿身心发展的客观需要，同时，"游戏是个体自发地对自身潜能的开发活动"。游戏中最能表现与肯定幼儿主动性、独立性与创造性，对幼儿主体素质的全面培养有着巨大的作用。早在20世纪20年代，陈鹤琴先生就主张对幼儿进行"游戏性教育"，给幼儿"充分的机会"，使他们获得完美游戏的生活。首先，幼儿游戏没有任何外在的目的，通过这种主动的活动，可以使幼儿养成主动探索和学习的兴趣与态度，从而获得主动学习的经验。这种主动学习的态度与能力，是幼儿主体素质结构中的重要成分，也是学前教育阶段立足于为人的终身发展打基础的核心。其次，游戏是幼儿独立活动的形式，为幼儿提供了独立决策、独立做事的机会，有助于幼儿形成独立决策与活动的能力。再次，游戏是幼儿创造性的活动。在游戏中，幼儿敢于冒险，勇于探索和创造，有助于幼儿形成创造性的人格。"会玩的幼儿聪明"已成为大家的共识,这就是最好的说明。最后,游戏是幼儿最快乐的活动,其本质是主体性体验,而这种主观体验的获得有助于幼儿形成积极乐观的自我意识和自信心。

总之,随着社会的发展,当教育进入以主动学习和创新性适应为标志的人性化的终身教育时代,游戏的教育价值也日益被人们认识。实施游戏化课程有利于克服把游戏仅仅作为灌输知识技能手段的倾向,充分发挥游戏活动本身所特有的主体性发展的功能。

（二）探究性游戏化课程能充分体现对幼儿学习特点和方式的尊重

幼儿园课程是为幼儿提供的,而课程的最终成效是通过幼儿的发展来衡量的。因此,是否考虑幼儿的发展特点、学习特点和方式成为决定幼儿园课程质量的关键因素。以往幼儿园的教学,以知识的直接传授为主要特征,教师工作的重心就是按照预定的教育目标备课、上课,学习建立在幼儿的客体性、受动性和依赖性基础之上,忽略了幼儿的主动性、能动性和独立性。在教育改革不断深入的今天,强调为幼儿提供基于其经验发展的适宜性教育,要求教师在"教"的过程中必须充分考虑幼儿的"学","教"必须是针对幼儿学习特点和方式的"教",应在充分尊重幼儿学习特点和学习方式的基础上,建立和形成充分调动与发挥幼儿主体性的多元化的教学方式。学前阶段,幼儿的学习特点和方式主要表现在以下几个方面。

1.幼儿学习的广泛性

幼儿的学习多为广义的学习,即凭借经验产生的比较稳定的和持久的行为变化,既包括可以观察到的外部行为变化,也包括知识技能的获得,还包括个性品质的形成。幼儿学习的广泛性,决定了幼儿学习途径与方式上的多样性。幼儿不仅在课堂上学习,也在一日生活的各个环节、各种活动中学习。学习常常是由幼儿生活环境中的某个事物或现象激起其探究学习的愿望,但受年龄的限制,决定了他们的探究学习不可能是正规的学术性学习,而只能结合日常生活,让幼儿学习一些浅显易懂的生活常识。

2.幼儿学习的无意性

幼儿的学习以无意学习为主,他们在随意的玩耍中不断探索,不断积累经验,即往往由于环境中某一刺激物所具有的鲜明而富有吸引力的特征引起无意注意和无意识记忆,或激发起无意想象和思维等。幼儿不会有目的地做一件事或参加一种游戏，而是在环境中寻找他们感兴趣的玩具或内容，随后在不断地摆弄探索中感悟新的经验，这是一种对其所处环境完全吸收式的自我学习过程。这种无意学习方式在终身学习理念下具有不凡的价值。这种特点也决定了对幼儿的教育应极大限度地利用环境中的各种教育因素，自发地促进其身心发展。

3. 幼儿学习的情意性

在幼儿的学习活动中，情绪具有非常重要的作用。情绪对幼儿的认知活动及其发展起着激发、促进作用，或抑制、延缓作用。幼儿的学习主要不是服从目标，而是来源于兴趣和自身发展的需要。兴趣是主体产生能量大小的调节者，它可使人集中注意，产生愉悦、积极的情绪反应。幼儿在兴趣的驱使下，学习才是最有效的。在幼儿园教育活动中，幼儿如果对活动感兴趣，就会愉快地随着教师的安排与引导去积极地探索和学习；反之，只会迫于无奈，消极、被动地跟着教师机械地学习。有的幼儿在这种情形下就会游离于教师精心策划的活动外；有的幼儿甚至干脆放弃学习，出现人们常说的"分心""开小差"的现象。幼儿学习的情意性，还表现于他们在活动中只满足于过程，而不注重结果。

4. 幼儿学习的差异性

随着心理学和学习心理研究的深入，人们逐渐认识到，每个人的大脑对外界信息接收的方式和特点是不一样的。一般说来，人们接受外界信息的途径主要有视觉、听觉和触觉，在成长过程中，一般会形成以一种方式为主，而其余两类则作为辅助。幼儿虽然年幼，但已显现出各自的特点和认知风格，使幼儿在学习动机与兴趣、学习方法、学习能力及学习效果等方面表现迥异。教师要尊重幼儿的多种学习方式，理解幼儿的各种言语，并为他们创造相应的学习条件。

游戏化课程以对幼儿的兴趣、需要的尊重为前提，其内容的广泛性和生活化，游戏材料、玩法的多样性和丰富性，无不为教师观察、发现和满足幼儿多样化的学习方式和特点提供广阔的空间。

（三）探究性游戏化课程能更好地满足幼儿身心发展的基本需要

建构游戏化课程，实现以游戏为基本活动的目的，是满足幼儿身心发展的基本需要。幼儿园能否实现以游戏为主的基本活动，关键取决于成人的态度和做法。幼儿园是人们根据一定的教育目的为幼儿创设的特殊生活环境。"幼儿期不只是为成人期做准备，它具有自身存在的价值。幼儿不能只为将来活着，他们也为现在而生活，他们应当充分享受幼儿期的生活，拥有快乐的童年"，已成为大家的共识。为幼儿创造与他们年龄特点相适应的幼儿园生活，保障他们拥有幸福、快乐的童年生活，是每一位幼教人的共同愿望。但在如何协调社会发展的要求与幼儿身心发展的需要，为幼儿创设既符合教育目的、要求，又适合幼儿身心发展特点的幼儿园生活过程中，往往会出现这样和那样的偏差。当今幼儿园生活中反映最突出的现象就是：为了追求更好地为幼儿参与成年以后的社会生活做好准备，不惜牺牲幼儿今天的快乐幸福生活。各种各样的"培优班""兴趣班""实验班"充斥幼儿园，汉字拼音、珠心算挤占幼儿园生活的大量时间，就是活生生的证明。

事实上，每一阶段幼儿身心发展的需要与特点是不同的，对他们的教育要求，所设置的课程也应不同。幼儿最喜欢游戏，但游戏绝不仅仅是幼儿的娱乐与消遣。游戏作为学前幼儿的基本活动，在幼儿身心发展中发挥着重要的作用。正如苏联心理学家维果茨基指出的，游戏创造了幼儿的最近发展区。在游戏中，幼儿的表现总是超过了他的实际年龄，高于他日常的行为表现。游戏中凝聚和孕育着发展的所有趋向。教师观察、研究幼儿的游戏行为，对于把握幼儿的最近发展区，促进幼儿的有效发展具有重要的意义。因此，以幼儿游戏活动为主线，用游戏统整幼儿园一日生活，不仅是对童年生活特点的尊重，也是对幼儿能充分享用幼儿期幸福的生活的保障，使幼儿在快乐生活的同时获得有益经验与全面发展。

五、探究性游戏化课程的实施

（一）创设支持课程并与孩子适宜发展直接连接的环境

皮亚杰的研究指出，个体思维能力的发展是依据个体与环境的强烈交互作用而来的。基于这一观点，环境资源的利用及其在课程中的支持，成为探究性游戏化课程研究中最为重要的因素。提供对幼儿具有吸引力，能引发幼儿自主选择、自由探索和游戏的活动环境，在探究性游戏化课程的实施过程中成为教师重点思考的问题。环境在教师的头脑中不再是美化而是课程，把幼儿的教室变成幼儿的活动工作室，创设满足幼儿发展需要并深受幼儿喜爱的阅读小屋、科学发现室、合作游戏角、戏剧表演活动台、艺术创意区等，让幼儿在与环境、他人的积极互动中主动建构多种智慧。

（二）学习方式由教师教授转变为自我调整

发展是一个重组的过程，是质的改变而不是学得更多。因此，在幼儿园课程改革的过程中，需要减少课程中教得过多的量的堆积，应突出强调幼儿主动、有益的学习经验的获得。幼儿与材料、伙伴、教师互动的活动式学习与发展过程，比以教师教导为主的教学活动更能给予幼儿深刻的经验。例如，在帮助幼儿建立容积守恒的初步经验这一单元中，教师为幼儿准备粗矮的瓶子与细高的瓶子，请幼儿猜想哪个瓶子装的水更多，并在猜想的基础上寻找各种辅助材料进行实验比较。其中一名幼儿的比较方法是将两个瓶子装满后同时倒出，结果粗矮的瓶子很快就倒光了，由此，这名幼儿得出的结论是粗矮的瓶子装得少。就这一教学案例以往的课程观念，教师是不会因为这名幼儿而耽误教学进程的，会用许多压服的策略请这名幼儿纠正自己的思维偏差。而探究性游戏化课程理念由于强调幼儿的自主探索、自我经验的建构，因此，教师在处理这个教学问题时会采用更为细致的方式，先请这名幼儿和教师一起做一个有趣的实验，即教师和幼儿同时将盆和瓶中的水倒掉，结果大盆比瓶子倒得快。教师观察到幼儿产生了问题后，请幼儿利用材料再实验并进行自我更正。通过这一案例，我们深刻体会到什么才是幼儿真正意义上的学习，对于幼儿的发展而言什么才是最为珍贵的。

（三）生成探索性主题活动，使教学活动游戏化

长期以来，在幼儿园教学实践中，教学活动游戏化的方式多是利用游戏的形式（如游戏的口吻、游戏情景、游戏的角色）和有规则游戏来实现，游戏只是传授知识技能有用的手段和方法。由于教学活动主要是由教师预设和发起的，教师考虑的只是自己教什么、怎样教，很少观察和了解幼儿的学习兴趣与需要，导致幼儿在活动中处于被动地位，游戏并没有成为"基本活动"，幼儿的发展没有落到实处。

实现以游戏为基本活动的关键，是实现幼儿的主动学习及强调课程对幼儿发展的适宜性。而课程适宜性的关键体现在教学参与发展、引导发展作用的实现上，其前提是教学和幼儿的已有发展水平与学习需要之间形成"合适的距离"，即找准"最近发展区"。这就对传统的课程预成模式提出了挑战，要求教师在游戏及一日生活的各个环节认真观察了解幼儿的学习兴趣与需要，捕捉教育契机，生成教育活动，帮助幼儿获得有关的学习经验。这一过程也正是师

生共同建构课程的过程。建构主义认为，世界是客观存在的，但是对于世界的理解和赋予意义却是由每个人自己决定的。我们是以自己的经验为基础来建构现实，但由于我们的经验及对经验的信念不同，于是我们对外部世界的理解便也迥异。在建构主义的影响下，人们对学习的认识发生了根本性的变化，学习被认为是个体在社会文化背景下经验的主动建构过程。改变预定的教学计划以适应幼儿的学习兴趣与需要，正是为了引导幼儿更加积极主动地建构经验，提高教学活动的质量和效益。

在游戏和一日生活中生成的探索性主题活动，是利用以幼儿"主动学习"为特征的自由游戏作为幼儿园教学的组织形式，以解决一定的问题为任务定向，以材料的自由操作为基础，在教师的引导下幼儿自主探究的发现学习活动。虽然生成的探索性主题活动本身并不是游戏，但是由于具备了"幼儿主动活动"的特征，幼儿是自己活动的策划者、执行者与评价者，确立了幼儿在学习活动中的主体地位，可以使幼儿产生以主体性体验为核心的游戏性体验，因此较好地实现了游戏与教学活动的融合，成为幼儿园实现以游戏为基本活动的突破口。

探究性主题游戏活动的开展，以幼儿的自由探索为基础，需要教师观察幼儿的兴趣和发展需要，引导幼儿沿着自己的活动方向去积极思考和不断探索，并能将探索发现结果在小组和集体中进行交流分享。这就要求教师必须改变原来死背教案、简单给予幼儿事实或正确答案的教学模式，在与幼儿共同的活动中更多地关注幼儿的各种表现并及时做出专业判断和有效指导。例如，在观察小球在两个不同坡面滚动速度的活动中，教师发现幼儿出现错误答案的问题症结在于观察的角度，因为站在坡顶观察小球的运行速度对于4岁的幼儿而言是比较困难的。于是，教师引导幼儿分别在侧面和坡底观察小球的滚动速度。这种基于观察和分析的策略，有效地帮助幼儿对自己原有的经验进行辨别、调整和重组，也改变着教师的职业状态和幼儿的发展状态，使教师在与幼儿的互动中更多地成为幼儿学习过程的观察研究者、合作引导者，以及课程资源的利用和开发者。

（四）及时记录幼儿的活动

探究性游戏化课程的开放性带来了幼儿学习潜能的充分展现。每个主题单元幼儿的活动记录及教师对幼儿的追踪观察，记录着幼儿成长的足迹，也给教师提供了宝贵的研究和评价幼儿发展的资料。教师惊异地发现，不到4岁的幼儿通过自己的活动能用单曲线和双曲线表现绸带的舞蹈；能用直线和曲线表现滚动速度的不同。幼儿在探究性游戏化课程中，总是能带给我们意想不到的惊喜。

第二节　运动性游戏化课程

一、国内外幼儿园运动性游戏化课程研究现状

我国教育部为促进学前幼儿身心全面和谐发展，制定了《3～6岁幼儿学习与发展指南》（以下简称《指南》）。《指南》中强调要注重幼儿的整体教育，而不应该追求某一方面的发展而忽视了整体的教育。在幼儿教育的过程中，应该注重幼儿的全面教育，将各个领域、各个目标整合到一起，关注幼儿的整体教育。《指南》中又明确指出，幼儿园的教育应该满足"幼儿的学习是以直接经验为基础，在游戏和日常生活中进行的"，同时强调了游戏在学前幼儿的教育工作中具有不可取代的重要性。

从以上内容可以看出，学前幼儿是个特殊的年龄段。在这个年龄段中，幼儿是以直接经验、直接感觉来对外界的事物进行感知、认知的，因此要遵循学前幼儿身心的发展规律，采用科学的教育方法，从而保障幼儿在快乐中学习、在快乐中健康成长。运动游戏可以让幼儿亲自接触、亲自操作，让幼儿在游戏中学习知识，在游戏中发展强健的体质，在游戏中培养愉悦的情绪，同时在游戏中养成良好的生活习惯和生活能力。学前幼儿的健康成长，关系到一个国家的发展，关系到一个民族的未来。因此，运动游戏应该贯穿学前教育的整个过程。

日本的幼儿教育专家高杉自子指出："幼儿教育，应该是站在幼儿的角度思考问题；站在幼儿的角度设计环境；站在幼儿的角度创造生活；同幼儿一起游戏，一起感受生活带来的喜怒哀乐；而不应该把幼儿过度地限制在书桌旁。"日本学者表明，目前日本幼儿园也缺乏新颖的、有创新性的游戏形式和游戏内容。

陆秀云在《美国幼儿运动游戏与娱乐课程设置及其启示》中表明，美国SPARK课程是对传统体育教学的一种转变；SPARK注重以学生为主体，十分强调学生生活方式的培养；SPARK课程也注重团队合作和沟通技巧等能力的培养。SPARK课程是专门为体育课程、课后体育及终身健康教育等服务的。美国学者表明，美国幼儿园中也缺乏更新颖的游戏内容等。

综上所述，现在幼儿园能够意识到游戏对学前幼儿发展的重要性，但是在实际实施方面，有些幼儿园还缺乏一些更具创新性的内容，还停留在过去的游戏内容和游戏形式中。在这个创新的时代，学前幼儿的教育也应该跟上时代的步伐，满足新时代学前幼儿对知识的需求，在教学形式上应该突出整合教育，把文化课程与运动和游戏整合到一起，从而避免让幼儿们较早进入只学习不运动的不良状态，要把文化教育和运动性游戏化课程以最好的形式融合到一起；在内容方面应该让幼儿们在运动性游戏化课程中进行养成教育，从而培养良好的生活习惯，有能力去整理自己的生活用品等，让幼儿们在运动性游戏化课程中培养自己的审美观，形成正义感，养成团队意识，塑造勇敢精神，有责任心。游戏是幼儿的天性，但是现在大部分幼儿的这份天性没有得到充分的发展。因此，为了让幼儿真正健康快乐地成长，我们就要为其营造一个更适合学前幼儿发展的教育环境。

二、学前儿童运动性游戏化课程的内容

（一）运动性游戏化课程的整体结构

运动性游戏化课程的整体结构，如图 3-1 所示。

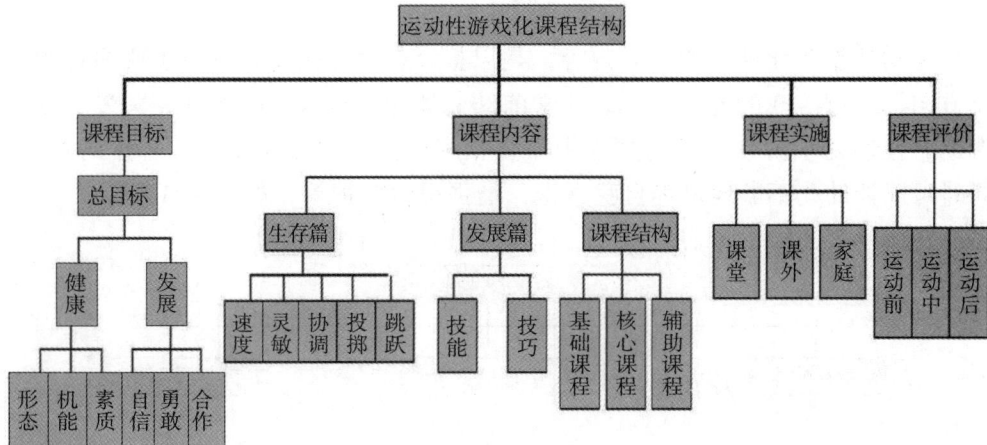

图3-1　运动性游戏化课程结构示意图

（二）运动性游戏基础课程内容

运动性游戏化课程的基本内容，是让幼儿的大肌肉群和小肌肉群都得到充分发展，通过对幼儿肌肉群的不断锻炼，最后达到发展学前幼儿的速度能力，加强跳跃、投掷能力，增强平衡能力和协调能力，以及身体的柔韧性等，如图 3-2 所示。

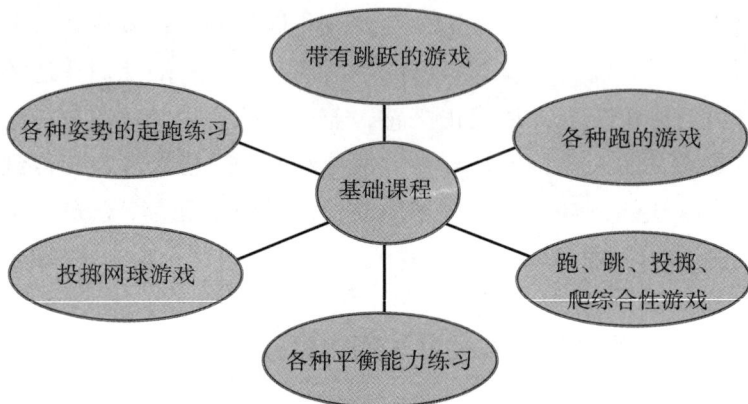

图3-2 运动性游戏基础课程示意图

（三）运动性游戏核心课程内容

运动性游戏化课程的核心内容，是以整合教育和关爱教育为主要内容和主要方向，通过游戏的过程，可以让学前幼儿体会人与人之间的互相关爱、互相帮助，让幼儿了解在生活的过程中需要相互协作，增强幼儿与人合作的意识，同时可以让幼儿不断地培养自我意识，增强勇敢精神等，如图 3-3 所示。

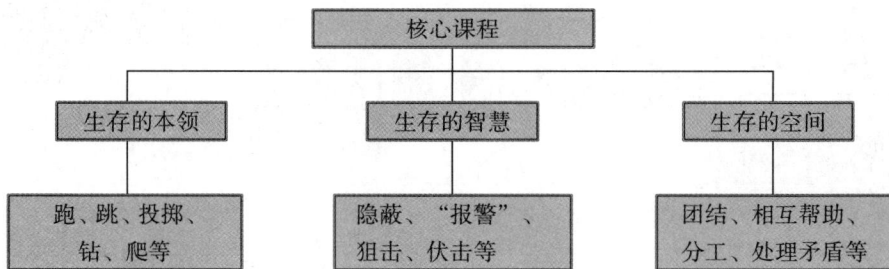

图3-3 运动性游戏核心课程示意图

（四）运动性游戏辅助课程内容

运动性游戏化课程的辅助内容是通过课程的干预，以增强幼儿的养成教育为主体，使幼儿形成自我管理能力，提高幼儿对自己随身物品的管理能力。运动性游戏化课程还能够增强幼儿的相互沟通、相互了解、相互理解，同时能够拓展幼儿的知识领域，培养幼儿的自我表述能力，如图3-4所示。

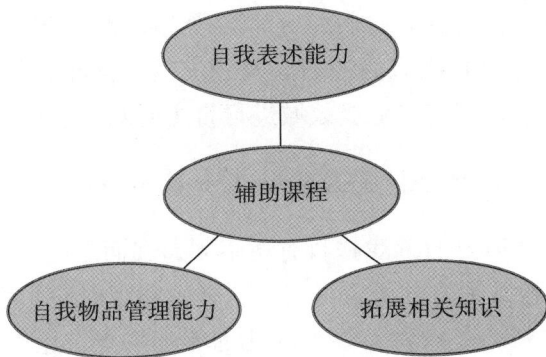

图3-4　运动性游戏辅助课程示意图

三、幼儿园运动性游戏化课程组织的对策

（一）科学规划场地是开展运动性游戏化课程的前提条件

科学规划场地不仅影响户外游戏活动的有效性，还直接影响幼儿参与活动的积极性、主动性、专注性和持久性。有研究指出，空间的分隔会影响幼儿户外游戏活动的效果，还会影响幼儿的社会性交往。因此，科学规划场地确实是开展幼儿户外游戏活动的前提条件。无论在哪个年龄阶段，无论户外场地的空间有多大，无论把场地分割成几个区，幼儿园都要遵循科学、合理的原则进行具体规划。

多样性的户外场地是开展游戏的重要资源，如幼儿园的小山坡、沙池、小树林、草地等，都能在统一规划下物尽其用。有些户外场地狭小，只有三个可利用的空间：大操场、小晒台、楼顶大晒台。怎样利用有限的资源更好地开展活动呢？幼儿园可以专门组织教师分组进行讨论：可以开设哪些活动区，在什么地方设置，需要多大的空间，各区域之间如何更好地互动等，从而对游戏区域的设置进行统一布局，充分挖掘现有空间与材料，合理规划，巧妙利用，做到既让环境充满童趣，又在安全的前提下满足幼儿开展各种游戏活动的需要。比如，将大操场草地设置成集平衡区、钻爬区、攀爬区为一体的综合游戏区，摆上长木凳、长梯凳、楼梯，供幼儿练习平衡走或钻爬能力；在三棵大树上分别系上用麻绳编成的爬网、软梯、竹竿，供幼儿练习攀爬。

户外游戏区域的划分和设置，极大地促进了幼儿园环境资源的开发。幼儿园要根据各区的特点，每天分时段、分年龄段组织幼儿开展游戏活动；科学地划分场地，让幼儿可以打破班级界限，互相交往，互相合作；以班级为单位，轮流交换活动场地，为幼儿到游戏区域进行自主游戏活动提供前提条件。

（二）投放适龄游戏材料是激发幼儿积极参与运动性游戏的基础条件

不同年龄段幼儿需要的游戏材料有所不同，因而教师应熟练把握各年龄段幼儿的特点，为其投放适宜的游戏材料，这样才能吸引幼儿积极参与游戏。

所谓适龄的材料，是指材料要与幼儿的年龄特点、思维特点、兴趣爱好、发展水平相适宜，能促进幼儿高效地进行活动和能力的发展。在材料的投放上，教师要考虑适龄、有趣、有挑战性这三个要素，从而激发幼儿参与活动的热情，调动其积极性，增强游戏的趣味性。比如，教师可以为小班幼儿投放游戏性、情境性、趣味性较强的材料，把户外活动场地设置得犹如游乐场，可以投放"打怪兽""给小动物喂食""荷叶下躲雨"等游戏材料；由于大班幼儿有了一定的合作能力，且喜欢探索、挑战，教师可以为他们提供一些低结构的运动材料，如为每位幼儿投放一条板凳，引导幼儿主动探索一个人的玩法，如钻、爬、抬、拖等，这样他们会很快在一个人玩耍中发现其实几个人玩会更有趣，他们可以合作、竞赛，如"叠叠高""挑担子""过弯路""下斜坡"等；由于中班幼儿合作、协调等方面的能力不如大班幼儿，但他们也喜欢挑战，教师可以投放"赛马""闯关"等游戏材料，让他们纵情其中、玩有所获。

因此，教师一定要针对不同幼儿的年龄特点，科学地选择和投放游戏材料，充分发挥材料的教育功能，激发幼儿的自主游戏兴趣，强化他们的探索意识和创新能力。

（三）教师有效指导是提升幼儿运动性游戏水平的关键因素

运动性游戏活动是幼儿园课程的一部分，同样需要教师有目的、有计划地引领，从而促进幼儿游戏水平的提升。所以，尽管我们强调幼儿在户外游戏活动中的自主性，但并不意味着户外游戏活动就等于自由活动，教师不是只以旁观者的身份站在一旁维持秩序，或为幼儿添加一些游戏材料就可以了，而是有责任对幼儿的户外游戏活动进行有效的指导，只是在指导过程中应该更多地注意指导的有效性、艺术性，提供隐性指导。

1. 探索挖掘教材，促进幼儿游戏的发展

教师以积极的态度挖掘和利用各种适宜幼儿的游戏内容和资源，综合其他教育元素，多方位地促进幼儿游戏的发展。

（1）"举一反三"的创意空间。在活动过程中，教师引导幼儿举一反三地运用游戏材料，使活动持续有效、创意无限。例如，在幼儿认识竹子后，教师可以让幼儿自由探索竹子的玩法，如跨越、投掷、平衡等。幼儿是天生的发明家，他们在探索各种玩法的过程中，提高了自己的运动能力。

（2）"有机整合"的组合运用。单一的玩法容易让人倦怠，而富有变化的组合则会创造精彩。幼儿园有宽阔的户外场地，有多样化的游戏区域，将它们进行有机整合，将收到意想不到的收获。例如，游戏"炸碉堡"，首先创设情境，其次提出要求"过小河（平衡区）——翻高山（攀爬区）——炸碉堡（投掷区）"，最后完成"炸碉堡"的任务。该游戏的开展能巧妙结合各游戏场的特点，使活动体现出综合性、创造性、挑战性。

2. 善于有效观察，提高幼儿游戏水平

在户外宽敞、自由的空间里，要求教师具备善于观察、适时指导的能力。因为只有认真、完整地观察幼儿，关注幼儿的一言一行，教师才能对其能力的发展、游戏中的表现有较为客观的认识，才能在指导中做出适宜的调整。教师要善于观察、敢于放手，引导幼儿挖掘材料中更多的价值，在理解幼儿的想法与感受的基础上，对幼儿的行为做出回应，提高幼儿的游戏水平。

3. 解读幼儿行为，满足幼儿不同需要

先贤有言："教无定法，因材施教。"幼儿是独立的个体，个体之间必定存在差异。教师不能单纯从表面上理解、尊重幼儿的差异性，而要真正在活动中做到"尊重个性，区别对待差异性"。如何解决教育个体的不均衡性问题？必须因人施教。首先，提供的材料要具有层次性，要满足不同个体、不同能力幼儿的选择需求。例如，跳跃区中为幼儿提供用自然物制作的跨栏架，以及大小不一的若干纸盒、砖块、沙袋，这样幼儿可以直接使用跨栏架，也可以根据自

己跨栏的水平，叠放、组合材料，进行跨栏、跨宽、跳高等运动。其次，创设户外游戏时要注意递进性，满足幼儿的不同需求。

教师要扩大自由活动的空间，让幼儿从狭小的空间走出来，发挥户外游戏活动相对自由、自主、轻松、愉快的优势，并根据环境特点、幼儿年龄和水平，为幼儿提供丰富的辅助材料，追随幼儿的脚步，提供适宜的支撑力量，让幼儿大胆、自由地去感受、去体悟、去探寻、去挖掘，让他们在自己能够支配、掌握的世界中健康、快乐地成长。

第三节 创造性游戏化课程

一、创造性游戏化课程的内涵

作为一种先进的幼儿教育课程类型，创造性游戏的生活化是创造性游戏化课程的实施方式（在生活中开展创造性游戏化课程）。创造性游戏化课程的理论基础是皮亚杰的发展理论。为了促进幼儿的最佳发展，创造性游戏化课程追求运用一种综合的相互作用的创造性游戏来进行教学，其目标是开发幼儿的创造力和促进幼儿创造力的发展，具体包括：（1）培养幼儿对社会环境的适应能力、问题解决能力；（2）培养幼儿有效的、积极的社会交往交流能力，以及信任和尊重别人的能力；（3）提高幼儿的自我价值感及对自身的自信心；（4）提高幼儿对事物的好奇心及拥有丰富的想象力和发散思维；（5）引导幼儿的自主探索能力和主动建构能力等。创造性游戏主要包括三大类，即角色游戏、结构游戏和表演游戏。

二、角色游戏与课程

（一）角色游戏的特点

1. 角色游戏的内容具有社会性

角色游戏是幼儿对周围现实生活的一种积极主动的反映，是幼儿对人类社会生活的再现与创造。游戏的主题、角色、情节、材料及规则都与幼儿的社会生活经验相关。幼儿的生活经验越丰富，其角色游戏的水平就可能越高。

2. 角色游戏的过程具有假想性

角色游戏的过程是幼儿创造性想象的过程。在游戏中，幼儿可以自由地发挥想象力和创造力，常常把自己想象成角色中的特定人物，通过动作、语言、表情表现角色，说话做事都执行角色的职责，同时对游戏的情境、物体进行假想。幼儿的假想主要表现在以下三个方面。

一是对游戏角色的假想（以人代人）。例如，幼儿扮演妈妈、爸爸、教师、解放军、医生、司机等他们感兴趣的各类角色。在游戏中，幼儿通过动作、语言、表情来再现这些角色。

二是对游戏材料的假想（以物代物）。在角色游戏中，幼儿常常以一种物体代替另一种物体，还能一物多用，如把棍子当"枪"，把椅子当"火车"，把树叶当"菜"，把泥沙当"米饭"等。同一种物品在不同的游戏中还能充当不同的材料，如纸在超市游戏中可以当"钱"，在餐厅游戏中可以当"面条"等。

三是对游戏情景的假想（情景转换）。幼儿常常通过一个或几个动作想象，将情景进行浓缩或转换，如一张桌子、一些碗和筷子可以成为餐厅，一个娃娃和一张床可以组成娃娃的家，一个医生和护士可以构成一个医院。

（二）角色游戏的结构

角色游戏的结构是指角色游戏的构成要素。一般来说，角色游戏由主题、人、物、情节和内在规则五个基本要素构成。

1. 角色游戏中的主题

角色游戏的主题是角色游戏的核心要素，它是指游戏中所反映的社会现象范围，具体包括游戏的内容、情节、角色、情境玩具材料、动作等。游戏主题规定了角色游戏的基本框架，游戏中其他的要素都要围绕主题而组织起来。

角色游戏的主题主要来源于家庭、幼儿园和社会生活。常见的游戏主题有娃娃家、幼儿园、医院、超市、餐厅、银行、理发店等。幼儿在选择游戏主题时，往往由家庭生活到幼儿园生活，再扩展到社会生活的方方面面。同一主题游戏可以有不同的游戏情节，具有从简单到复杂的特点。幼儿选择的游戏主题，一是基于自己的生活经验，留下深刻印象的内容；二是基于感兴趣的游戏角色；三是基于具有吸引力的游戏材料。

2. 角色游戏中的人

角色游戏中的人是指幼儿在游戏中所模仿的对象。这些角色来自幼儿的生活，是幼儿熟悉的、感兴趣的人物，如"娃娃家"中的"爸爸""妈妈""幼儿"，"餐厅"主题游戏中的"服务员""老板""顾客"，"医院"主题游戏中的"医生""护士""病人"等。幼儿通过语言、表情、动作创造出新的角色形象，来展现自己对现实生活角色的认识。

这些游戏角色可以分为技能型、互补型和想象型三类。技能型角色是指幼儿通过模仿对象的典型动作来进行角色扮演，如通过炒菜的动作扮演厨师，通过挥手臂的动作扮演交警等；互补型角色是指一种角色的存在必须以另一种角色的存在为条件，互为对应，如妈妈对应宝宝、医生对应病人、教师对应学生等；想象型角色是指将来源于故事、童话、电视剧等作品中的某个角色迁移到现实生活中，但并不是全部角色的再现，如《喜羊羊与灰太狼》中的美羊羊、《熊出没》中的熊大等。

幼儿对角色的扮演是有选择性的，往往喜欢扮演以下特征的角色。

第一，成人的角色。弗洛伊德的"游戏补偿论"认为，"游戏可以实现幼儿在现实生活中所不能实现的愿望"。每个幼儿都有盼望自己快点长大的愿望。在游戏中，幼儿渴望扮演成人的角色、从事成人的活动，以满足自己长大成人的需要。

第二，占主要地位的角色。在医生与病人、教师与学生、妈妈与娃娃等角色当中，幼儿更倾向于扮演医生、教师、妈妈等占主要地位的角色，且这些角色往往也是幼儿比较崇拜和尊敬的人物。

第三，角色选择具有性别差异。女孩更爱扮演妈妈、教师、护士等女性特征比较明显的角色；男孩更爱扮演爸爸、医生、警察、解放军等男性特征比较明显的角色。

第四，角色选择更倾向于有相关经历的角色。例如，去过医院的幼儿比没去过医院的幼儿更倾向于玩"医生与病人"的游戏。

3. 角色游戏中的物

角色游戏中的物是指游戏中的材料。角色游戏的开展离不开游戏材料的支持。在游戏中，幼儿需要对物品进行假想，借助一种假想的材料代替生活中的真实物品，如用棍子代替枪、用娃娃代替幼儿、用纸箱代替烤箱等。

4. 角色游戏中的情节

角色游戏中的情节是指幼儿在角色游戏中所反映的事件，即幼儿对游戏动作和情境的假想。角色游戏中的动作和情境具有概括性，是对现实生活中某一类动作或情境的概括，如厨师炒菜、妈妈给小宝宝喂饭、带小宝宝散步、医生给病人看病等，是厨师、妈妈、医生动作的概括。

5. 角色游戏中的规则

角色游戏中的规则，是指幼儿在游戏时要按照相应的社会角色的行为及人物之间的社会关系来进行活动。在游戏中，幼儿所扮演的角色决定了幼儿的游戏动作和游戏规则。幼儿必须像他所扮演的角色那样行动，角色规定了游戏的动作和规则。例如，妈妈照顾幼儿应体现妈妈对幼儿的爱；医生给病人看病要体现医生的职业道德等。

角色游戏的规则具有内隐性，这不同于其他游戏中的规则。其他游戏中的规则是为了游戏的顺利开展而由大家制定的，具有外在性；而角色游戏中的规则是受所扮演的角色制约的，扮演哪种角色就必然要按照相应角色的行为、态度来游戏，不可随意改动，具有内隐性。

（三）角色游戏的教育价值

角色游戏是幼儿期的经典游戏，对幼儿身心各方面的发展具有促进作用。

1. 角色游戏能促进幼儿社会性的发展

角色游戏为幼儿提供了与同伴交往的机会。在角色游戏过程中，为了使游戏能顺利地开展，幼儿之间必须围绕游戏主题、游戏内容、游戏情节、角色分配进行沟通与交流，在这种环境中促进同伴关系的形成与发展；同时，幼儿之间可能会发生一些摩擦和矛盾，但在不断解决冲突的过程中，幼儿逐渐学会了妥协、谦让、分享、合作等交往技能。随着游戏的深入，幼儿之间的交往就会变得频繁，幼儿的交往技能将得到进一步的发展。

角色游戏可以是幼儿的独自游戏，也可以是平行游戏，更多的时候是几名幼儿围绕同一个主题而进行的合作游戏。无论是哪一种游戏情况，幼儿在游戏中总会发生一些联系，形成两种社会关系：一是真实的同伴关系，二是想象的角色关系。这两种关系促进幼儿社会性的发展。

在角色游戏中，幼儿要扮演自己以外的人，他们不得不从自己所扮演的角色的角度看待问题。这有助于幼儿认识和理解周围社会生活中的人们之间的关系及社会生活现象，有助于幼儿"去自我中心"理念的形成，也有助于幼儿理解角色的社会规范与社会期望，按社会认可的角色行为去行动，学习遵守社会规则。

2. 角色游戏能促进幼儿语言的发展

角色游戏能促进幼儿口头语言能力的发展。在角色游戏中，幼儿扮演角色，模仿这些角色的语音、语调，不仅可以提高幼儿说话的积极性，还可以丰富幼儿的词汇、提高幼儿的口语表达能力。

角色游戏能促进幼儿书面语言的发展，培养幼儿良好的读写行为，如读写"餐厅"游戏中的菜单、"超市"游戏中的商品和价格标签等。在这些主题游戏中，教师既可以引导幼儿一起制作"菜单"和"标签"，也可引导幼儿在游戏中阅读。这种自然的读写学习环境，既提高了幼儿对文字符号的刺激，也促进了幼儿读写知识的丰富和技能的发展。

3. 角色游戏能丰富幼儿的情感体验

角色游戏能满足幼儿的需要，促进幼儿的积极情感体验。角色游戏是幼儿自由确定游戏主题、游戏内容、自由选择角色的游戏。在游戏中，幼儿可以充分表达自己的个人意愿，满足渴望参加社会生活的需要。因此，幼儿乐于参与游戏，因为参与游戏本身就能产生积极愉快的情绪体验。每位幼儿都希望能像成人那样参加各种社会活动，但由于他们身心的发展，现实与愿望总是存在一定的矛盾。在角色游戏中，幼儿可以扮演各种他们感兴趣的角色，通过语言、动作、表情，以物代物去展现这些角色。因此，角色游戏能实现幼儿在现实生活中所实现不了的愿望，能使幼儿感到满足、体验愉悦。

角色游戏能释放幼儿的消极情感。在现实生活中，很多幼儿害怕打针、吃药。在玩"医院"游戏时，很多幼儿却很喜欢玩打针、吃药的游戏片段，幼儿把自己平时打针、吃药的焦虑情绪投向了假想的游戏对象。在玩"娃娃家"游戏时，幼儿扮演的妈妈常常假想自己的幼儿——布娃娃不吃饭、尿在裤子上、打坏某件东西等情节，于是"妈妈"会把布娃娃的裤子脱下来，狠狠地打它的屁股，嘴里还念念有词"看你下次还敢不敢"。这些游戏情节很可能就是幼儿把平时自己被父母责打的痛苦情绪发泄到了布娃娃身上。

4. 角色游戏能促进幼儿想象力和创造力的发展

角色游戏是幼儿以模仿和想象，通过扮演角色创造性地反映现实生活的游戏。在游戏中，幼儿需要充分发挥想象力，开动脑筋，并为达到游戏的目的，实现以物代物、以人代人，以及对游戏情节进行假想。幼儿角色游戏的主题、内容情节、角色、材料与成人的生活世界，既有一定的相似性，也存在很大的差异性，它是幼儿对现实生活的反映，也是他们创造性的改造。这种创造性的游戏改造过程，既可活跃幼儿的思维，也可以提高幼儿的故事创编和记忆能力、逻辑性、解决问题的能力，同时还可以丰富幼儿的知识经验。

（四）角色游戏化课程的实施

1.丰富幼儿的生活经验，扩大角色游戏的内容来源

角色游戏是幼儿对现实生活的反映。幼儿的生活内容越丰富，游戏内容就越充实、新颖，游戏的水平也就越高。幼儿对外界的事物有了较丰富而深刻的印象，为幼儿在游戏中发展想象力、创造性提供了条件。否则，组织游戏只能是教师的一厢情愿。例如，某幼儿园小班，教师提供幼儿制作糕点的材料，要做一个学做糕点的游戏。教师费了很大的力气，试图让幼儿用橡皮泥制作糕点，并放进"电烤炉"烤制，结果幼儿根本不予理睬，学做糕点的游戏也没玩起来。之所以会出现这种状况，是因为幼儿不知道"糕点厂""电烤炉"为何物，教师提供的游戏材料脱离了幼儿的生活实际。

幼儿的生活经验主要来自家庭、社会、幼儿园、图书及影视等方面。教师应有计划地组织幼儿参观了解成人的各种劳动，丰富印象。例如，外出游览和参观时，教师应有意识地引导幼儿观察交通警察是怎样指挥交通的、来往的车辆和行人应该遵守哪些交通规则，等等。只有在生活中观察得细致，感性认识越丰富，幼儿在游戏中的反应才越逼真。

在丰富幼儿对周围生活的印象时，教师还要注意引导幼儿认识成人劳动的社会意义和人与人之间的关系，以加深对周围生活的理解。否则，幼儿只是简单地模仿成人社会中的生活和活动，而不能反映成人社会生产的意义，结果只能是内容贫乏，趣味索然。苏联幼儿教育工作者克罗列娃的研究证实，第一次带领幼儿参观火车站时，只是介绍了火车、火车站台、售票厅等实物。在教师为幼儿准备了游戏材料，并帮助幼儿分配角色的情况下，幼儿仍不愿意玩"火车站"的游戏。第二次参观火车站时，教师主要向幼儿介绍了火车上人们的活动和活动的社会意义。参观后的幼儿立即进行了"火车站"的游戏，而且玩了很长时间。因此，幼儿还要在观察的基础上，较深刻地理解劳动的意义，才能体验成人劳动的乐趣，并很有兴致地去想象和装扮。

2. 教会儿童分配和扮演游戏的角色

幼儿玩游戏最关心的是自己扮演什么角色，并以扮演角色、模仿角色的活动为满足。但在刚开始玩角色游戏时，幼儿只是热衷于模仿某一角色的动作或活动，并不明确自己所担任的角色，需要教师给予启发，帮助幼儿明确自己在游戏中的角色身份，从而更好地模仿这一角色。例如，一名 3 岁多的幼儿在小椅子上"开汽车"玩。教师走过去问："你在玩什么？""你是汽车司机吧？""你的车开到哪儿去？""你的车是坐人还是运货？"这样就可以帮助幼儿把兴趣从模仿动作转向扮演角色。小班幼儿在游戏过程中，还时常忘记自己所扮演的角色，因此需要教师随时用游戏的语气给予提醒。例如，当一个售货员的小朋友离开了岗位到处乱跑时，教师便来到"商店"买东西，找回小朋友，并说："售货员可不能离开柜台呀，顾客来买东西，售货员要负责接待。"教师通过参加游戏的方式提醒幼儿，可保证幼儿扮演角色的稳定性和角色活动的丰富多样性。有时，教师也可向小班的幼儿提出各种角色，让幼儿自行选择，如在娃娃家的游戏中，主要角色尚有缺额。于是教师提示说："我们娃娃家里还缺少个爸爸，谁愿意当娃娃的爸爸？"

幼儿对自己扮演什么角色最为关心。年龄稍长的幼儿的角色意识已很强烈，但往往只考虑个人的愿望而不善于分配角色。因此，教师可教幼儿一些分配角色的方法，如自己报名、推选、轮换等。经过这一过渡，到幼儿后期，幼儿应该能与同伴共同商量角色的分配，懂得角色要轮流担任，并学会相互谦让。为了培养幼儿的个性，教师应有意识地让幼儿轮流担任各种角色，尤其是主要角色不应固定不变。每位幼儿在游戏中都应学会扮演不同的角色，以使幼儿在更多方面获得锻炼与发展。

教师教会幼儿与同伴共同商量分配角色，轮流担任主要角色，一方面可以使幼儿学会谦让，另一方面也能使每位幼儿都有扮演不同角色和锻炼自己的机会。当然，这需要教师在恰当引导、启发的过程中才能实现。例如，在"航海"游戏中，很多幼儿想当"船长"。这时，教师让幼儿回想自己曾看到或听说的有关航海的情况，告诉他们，除船长之外，船上还有很多有趣的职业，如船长助理、无线电话报务员、领航员等，然后建议幼儿想一想，再决定谁当这个角色、谁当那个角色。幼儿会想到船上还需要炊事员、医生。教师再给幼儿讲讲船员肩负的艰巨任务，那么"船员"的角色也就变得有吸引力了。

3. 对角色游戏进行评议

在游戏结束后，幼儿常常自发地、兴致勃勃地谈论他们刚玩过的游戏，回忆游戏中的种种愉快体验及游戏中出现的问题，有时还会对问题发表不同的看法，甚至争论不休，或提出一些新颖的见解。这时，教师应对幼儿的自发评议给予帮助，营造自由讨论的气氛，与幼儿一起交流，自然地指导和教育幼儿。以下是角色游戏常用的评议方式。

（1）再现游戏内容与行为的评议。这种评议方法，即教师将幼儿在游戏过程中某些重要的角色语言、角色表情和角色行为加以重复。这种评议可以有意识地对游戏中有教育意义的言行给予强化，对促进幼儿的发展、幼儿游戏的发展及培养幼儿对游戏的兴趣都有较大的作用。再现游戏内容的评议方法要取得较好的效果，就要求教师在评议前做到心中有数，有选择地再现那些对幼儿发展有益的游戏内容。

（2）讨论式评议。即教师引导幼儿一起讨论、评议游戏中存在的问题，通过交换意见取得共同认识。讨论式评议可以丰富幼儿感性经验，促进游戏发展，提高幼儿提出问题和解决问题的能力。讨论式评议应注意两个方面：第一，选择能引起全体幼儿发表自己见解的问题进行讨论，大家各抒己见，解决游戏中存在的问题，促进游戏的发展；第二，讨论时应鼓励幼儿发表意见，引导幼儿展开争论。教师应巧妙地引导争论，在争论中发展幼儿思维能力，并得出较为一致的结论。

（3）教师讲评式评议。这种评议方法以教师讲解或发表对游戏活动的看法、提出意见、做出评价为主。这种评议适用于向幼儿介绍新游戏、新玩具，讲述新知识，或者解决幼儿间的争执等情况。评议时间不宜过长，以 5 ～ 10 分钟为宜。

4. 不同年龄班角色游戏化课程实施重点

每个年龄段幼儿都有其自身的特点，在角色游戏中表现出明显的年龄特征。教师应针对不同年龄班幼儿的特点和游戏水平，有侧重地进行引导。

（1）小班

①特点：小班幼儿主要处于独自游戏或平行游戏阶段，具体包括：主题单一，情节简单；游戏内容集中体现在动作上，主要是重复摆弄玩具；对游戏材料感兴趣，而对同伴则没有交往的兴趣；好模仿，喜欢与同伴玩相同或相似的玩具。

②指导要点：教师对小班角色游戏的指导重点应是引导幼儿认识玩具或游戏材料。由于小班幼儿好模仿的特点，教师应提供种类少、数量多的形象生动的玩具，以满足幼儿平行游戏的需要。教师应尽量以平行游戏或游戏角色的身

份参与幼儿角色游戏活动，在参与幼儿游戏的过程中达到引导目的。

（2）中班

①特点：中班幼儿身心迅速发展，生活范围逐渐扩大，游戏中表现的主题相对丰富，但不稳定；游戏水平主要处于联合游戏阶段；对同伴产生了兴趣，愿意和同伴一起游戏，但往往因为缺乏交往技能而与同伴之间发生冲突。

②指导要点：针对中班幼儿角色游戏的特点，教师应重点指导幼儿学会处理同伴冲突和矛盾。教师应帮助幼儿学会交往技能，掌握相应的行为规范，学会独立解决问题；可以以平行游戏或合作游戏的方式指导游戏；提供丰富的游戏材料，鼓励幼儿玩不同主题的游戏；在游戏结束时应组织幼儿讨论交流，以提升幼儿游戏经验。

（3）大班

①特点：大班幼儿知识经验进一步丰富，个性初具雏形，喜欢玩新颖的游戏主题，并能围绕同一主题深入开展下去；游戏内容和情节更加复杂，能够反映较为复杂的人际关系；游戏水平处于合作游戏阶段，喜欢与同伴一起玩；在游戏中问题解决的能力逐渐增强。

②指导要点：根据大班幼儿的游戏特点，教师应把对角色游戏的指导重点放在培养幼儿的自主性和创造性上。教师应侧重采用语言的方式来指导游戏，教师和幼儿一起准备游戏环境，鼓励幼儿在游戏活动中的创新表现。在游戏结束时，教师应采用多样化的方式来进行游戏讲评，拓展游戏主题与思路，促进大班幼儿分享游戏经验。

三、结构游戏与课程

（一）结构游戏的特点

1. 多种多样的材料是结构游戏的物质基础

结构游戏是借助多种多样的结构材料和玩具进行的操作造型活动。离开具体材料，结构游戏就不能成立。在结构游戏中，幼儿是利用各种材料进行构造活动的。如果离开了结构材料，结构游戏也就失去了依据。

2. 幼儿对材料的操作与造型是结构游戏的支柱

结构游戏是幼儿动手操作的造型活动。操作造型是构造活动的基本表现形式，例如，进行拼插游戏就要求幼儿动手把一个个积塑块、插塑片、胶粒等进行拼插、组合，建构成各种各样的物体造型。结构游戏必须通过直接的动手操作才能构造出一定的物体形象，以反映幼儿对周围生活的认识，也正是在亲手操作的构造活动中才能使幼儿的活动需要得到满足，给幼儿带来愉悦。可以说，幼儿对材料的操作与造型是结构游戏的支柱。

3.建构过程具有创造性

结构游戏的材料是由各种结构元件组成的。结构元件与形象玩具不同，当它处于无结构状态时，只表现为素材。只有通过构造活动，结构元件才会产生千变万化的形象。结构材料和结构活动方式的特点，使结构游戏具有丰富的表现力。幼儿常常边做边想、边想边做，想象与操作相互促进，为幼儿提供了创造想象的广阔天地。幼儿也常常在结构游戏中遇到材料不足的情况，需要以物代物，用相近或者相似的材料组合或改造成需用的结构材料，促进幼儿思维变通性、概括性的发展，而思维的概括性、变通性正是创造性思维的重要组成部分。所以，结构游戏是一种创造性很强的游戏。

4.结构成品具有艺术性

结构游戏的目的是通过构造活动塑造出物体的形象，以反映大自然和人类生活的美好景象。因此，结构游戏是一种造型游戏，也是幼儿的一种艺术创造活动。在这种活动中，幼儿必须遵循艺术造型的基本规律，如结构的比例、色彩的搭配、形状的组合等。幼儿们建构的作品往往比较夸张、有趣，是一种充满童趣的艺术品。

（二）结构游戏的教育价值

1.结构游戏可以培养幼儿动作的精确性和手眼协调能力

在结构游戏中，幼儿不停地操作着（堆放、握、挖、拼插、整理等），手和各种结构材料的反复接触及游戏情境中不断重复的操作动作，提供了发展感知运动技能的充分机会，有利于发展手的小肌肉动作的协调性和灵活性，使感知变得敏锐、清晰，动作变得准确、协调，幼儿手和眼的协调性也得到了发展。

2.结构游戏对发展幼儿智力有特殊作用

从表面上看，结构游戏似乎是轻松的，实际上要求幼儿具备一定的空间知觉和形状知觉，具有一定的感知能力和操作技能，以及象征性的表征能力，并要懂得一些简单的建构技巧及原理。游戏过程可以促进幼儿的观察力、形象记忆力、想象力和创造力的发展，从而促进其智力的发展。因此，人们常常把结构玩具作为开发智能的一种工具，认为它是启迪幼儿智慧的手段之一，并称结构游戏是培养建筑师和发明家的游戏。

在幼儿亲自操作结构材料的过程中，通过手、眼等感官与操作材料的反复接触，可以逐步增进幼儿对结构材料及材料间相互关系的认识。例如，认识了结构材料的性质、大小、颜色、形状和重量，获得了一些空间概念（上下、左右、前后、高低等）和数学概念（如对应、序列、整体和部分等），并逐步领会了可逆性、守恒性等概念，促进了幼儿智力和认知能力的发展。操作结构材料进行建构，又需要手、脑配合，有利于促进左、右脑的协调发展。

3. 结构游戏可以培养幼儿良好的意志品质和合作精神

结构游戏对幼儿的吸引力在于建构具体的物体和建构的过程中充满快乐、成功的体验。这就要求幼儿要有一定的目的性、坚持性。同时，结构游戏是一项细致的工作，一个物体或一座建筑物需要几十个材料元件组合起来才能构成。这就要求幼儿必须有耐心、细心、恒心。在构造过程中，幼儿往往会遇到许多困难，经历倒塌、不成形等失败。这有助于培养幼儿细致认真、勇于克服困难、失败不气馁、坚持到底等优良的个性品质。

结构游戏有独自进行的，也有合作进行的（尤其是建造内容较复杂的主题），不管哪种游戏形式，都需要协调彼此间的关系。大型的主题结构游戏需要集体共同构成。例如，大班幼儿建构快乐的动物园，就需要几名小朋友事先做好规划，整体布局，然后分工建构，组成不同的活动区域。这就要求幼儿分工合作，协调彼此的关系，从而培养他们的集体观念和合作意识。

4. 结构游戏可以提高幼儿的审美能力和美的创造力

结构游戏和美工制作活动相近，是一种艺术造型活动。结构游戏的成品，在形状、颜色、各部分的比例等方面要求对称、协调、美观，这些可以培养幼儿的艺术兴趣和审美情趣，提高他们感受美、表达美的审美能力。

结构游戏是充满想象的模拟建造过程，在这个过程中，既要凭想象中的形象进行结构活动，又要通过美的造型和形象来表现事物的美。例如，幼儿要用积木块拼搭美丽的幼儿园，就要充分发挥他们的想象力，拼搭出他们心目中的完美的、符合他们心愿的幼儿园。这不仅仅是临摹，更多是发挥他们的想象力、创造力；他们还要注意色彩的搭配、几何图形的组合等，使幼儿的审美能力和美的创造力获得很好的发展。

5. 结构游戏有助于培养幼儿的生活情趣及对生活的热爱

结构游戏是幼儿反映现实生活的游戏活动。幼儿进行的构造活动，反映了他们周围生活中发生的各种变化，反映了他们生活中常见的各种典型的事物和情景，也培养了幼儿对周围事物的兴趣和对生活的热爱。

（三）结构游戏化课程的实施

1. 建立游戏常规

结构材料的零散与多样等特点，使结构游戏特别容易出现材料散乱、遗失，甚至引发安全隐患。因此，建立必要的游戏常规，帮助幼儿养成良好的行为习惯，在结构游戏的指导中格外重要。在结构游戏中，要建立以下游戏常规。

第一，教师应与幼儿共同商讨使用结构材料的常规，引导幼儿遵守规则，学习整理和保管游戏材料。例如，材料轻拿轻放，需要多少材料取多少材料，剩余材料及时归还；积木类材料（特别是大型空心积木）不能搭得过高，以免倒塌对他人造成伤害；游戏结束后，将结构材料分类摆放好。

第二，教师应引导幼儿不干扰别人，爱护建构成果。例如，教师让幼儿知道应选择距离材料较近，但又不影响他人取放材料的位置进行搭建活动；搭建过程中如需走动，应轻声慢步，不要撞到别人的建构物；使用同伴的材料要经过别人允许；撞到别人的建构物要道歉等。

第三，教师应提醒幼儿在游戏的过程中团结合作。游戏中，有时会发生一些意外情况，所以教师应引导幼儿一起讨论解决的办法，培养幼儿的合作意识。搭建大型的建筑物时，如需要，可以请别的幼儿来帮忙，大家共同设计和搭建，当同伴意见不统一时，要学会与同伴协商，体验合作成功的乐趣。

2. 掌握指导幼儿结构游戏的方式、方法

在游戏过程中，教师应注意观察、分析幼儿的各种行为，根据幼儿的游戏水平，给予有针对性的指导，具体包括：材料的增添、主题的引发、技能的指导等。教师可间接指导也可直接指导，如表3-1所示。但是，一般情况下，教师应以同伴的身份参与游戏，在交流中自然地进行指导。

表3-1　教师指导幼儿结构游戏的方式、方法

指导形式	指导方法	选用事项
间接指导	范样比较法	当幼儿意识不到自己的问题所在时，教师可在一旁搭建范样，引起幼儿关注，并从中找出自己的问题
	环境提示法	当幼儿遇到建构技能不足、违反游戏规则等问题时，教师可通过墙饰中的示范或提示加以引导
	图示引领法	图示引领法包括两种含义：一是在幼儿搭建五边形、圆形等形式比较特殊的楼房时，教师可提供一些相应图形的模板图示，让幼儿以模板为地基进行建构；二是以绘画的方式将建构步骤记录下来，供幼儿使用
	角色参与法	教师在游戏中扮演一个固定的角色，如工程师、质量监督员、游戏伙伴等，以角色的语言给幼儿暗示和启发
直接指导	示范法	当幼儿不会搭建或无目的搭建时，教师直接介入并进行示范，引导其进行模仿
	游戏情境法	教师设计游戏情节，运用游戏的形式，激发幼儿参与搭建的兴趣，提高幼儿的建构技能
	问题情境法	教师通过设置"问题情境"，向幼儿提出新的挑战，引发幼儿解决新问题的需要，丰富幼儿的结构游戏内容
	语言引导法	当幼儿出现争执或不会主动参与游戏时，教师用语言引导其调整自己的行为

3. 游戏后，适时组织分享和评价活动

游戏结束后，教师应适时组织幼儿开展分享活动。分享的内容有作品展示与讲解、建构活动过程回顾等。其中，建构活动过程的回顾可以有效地提高幼儿解决问题的策略水平和元认知水平，应当给予足够的重视；制作过程中的体验和成功的喜悦有利于培养幼儿对结构游戏的持久兴趣，应作为游戏后分享活动的主要部分。

在分享活动中，教师要尊重和爱惜幼儿的建造成果，切不可因为建造得不好而轻易毁掉，这样做的后果是伤害幼儿的自尊心和创造性，影响极坏。教师还要教育幼儿彼此爱惜建造成果，不得任意破坏它，可通过评价、欣赏建造成果的活动，培养幼儿珍惜建造成果的情感，提高幼儿建造的技能。例如，在结构游戏结束时暂不拆除，教师让大家看一看都建造了什么，并请幼儿介绍一

下，让大家讲一讲哪个最好。这样的评价和欣赏活动是很有益的。一些好的作品还可在室内展出一段时间，以供幼儿欣赏，也可使幼儿互相取长补短。

游戏评价对结构游戏的开展起着重要的作用，它是调整和深化游戏，促进幼儿思维发展，提高游戏有效性的重要途径。对幼儿来说，可以从结构游戏的评价中回顾游戏经验，从中获得教师和其他幼儿对其游戏行为和作品的反馈；可以整理、分享和提升其游戏经验和技能，从而调整游戏方式以更好地进行游戏；从游戏中获得愉悦感、成就感和满足感。以幼儿为主体的游戏评价，还可以提高幼儿的思维逻辑能力和语言表达能力。

4. 各年龄班结构游戏化课程实施重点

结构游戏水平会表现出明显的年龄差异与个体差异。教师应针对这种差异进行有针对性的引导，这是指导结构游戏的科学保证。

（1）小班。小班幼儿身心发展的特点决定了小班结构游戏的特点，对小班结构游戏特点的了解是科学指导的基础。

①特点：小班幼儿游戏兴趣主要集中在结构动作上，如喜欢重复、摆弄、垒高和平铺等；建构过程没有目的性和计划性，在建构之前不会对最后建构物有假想；小班幼儿对材料的使用经常表现为进行角色游戏；在建构过程中，表现出选用材料有一定盲目性、无主题计划、建构技能简单、自控力差容易中断等特点。

②指导要点：引导小班幼儿认识结构材料，学习简单的构造技能，并给幼儿提供结构作品的范例；给幼儿提供适合小班幼儿特点的且数量充足的结构材料，尤其是同一种类材料数量要多，以满足小班幼儿模仿性强的特点；引导幼儿提高游戏的目的性和计划性；引导幼儿尝试给构造的物品进行命名，也可以根据幼儿作品形象给予适当的名称；引导幼儿学会爱护玩具材料，游戏结束时，有收拾玩具的意识，并逐渐养成习惯。

（2）中班。中班幼儿经过一年的集体生活，在认知和社会性等方面均有较大进步。

①特点：相比小班，中班幼儿结构游戏有简单的建构计划，目的性明确；对结构游戏的过程与最后建构物都感兴趣；有一定的结构主题，并能按照主题进行建构；能够根据建构需要，有目的地选择材料；游戏活动的坚持性有一定的发展；能对最后建构物的功能进行利用；能够独立整理结构游戏材料。

②指导要点：丰富幼儿的日常生活经验，形成丰富而深刻的关于周围物体形象的印象；提供适合中班幼儿结构游戏水平的材料；引导幼儿设计建构方

案，增强游戏的计划性与目的性；进一步提高参与结构游戏的坚持性；提高建构技能，能将平面图转化为建构模型；在幼儿能够独立完成建构物的同时，组织小型集体结构活动，在共同讨论的基础上制定方案，进行分工，友好合作地游戏；组织幼儿进行游戏评价，鼓励幼儿主动、独立地发表意见，分享建构作品，取长补短，促进创造性思维的发展，提高建构水平。

（3）大班。大班幼儿在社会性发展、建构知识和建构技能方面都有了比较成熟的发展。

①特点：与中班幼儿相比，大班幼儿建构的目的性、计划性和持久性增强；能够合作选取丰富多样的游戏材料；建构技能逐渐提高；能够根据游戏情景的需要，不断地产生新的建构主题。

②指导要点：教师应为大班幼儿提供适宜的游戏材料。大班幼儿建构技能日益增强，对材料的要求越来越多样化，在形状上要求多变；培养幼儿独立建构的能力，按照事先计划有顺序地建构；引导幼儿在围绕一个主题进行建构时，学习表现物体的细节和特征，能够准确地表现游戏的构思和内容，会正确使用结构材料和辅助材料；鼓励幼儿欣赏自己和同伴的建构作品，发展幼儿的自我评价和评价他人的能力；引导和支持幼儿之间加强合作，开展集体的大型建构活动，共同设计方案，确定游戏规则，分工合作，体验合作的乐趣。

四、表演游戏与课程

（一）表演游戏的特点

表演游戏是幼儿根据故事和童话的内容，运用语言、动作、角色扮演进行的游戏。它是一种带有表演性质的游戏，兼具表演性和游戏性。幼儿表演游戏的实质，在于通过扮演特定角色以产生游戏性体验。对于幼儿来说，游戏性优先于表演性。

1. 游戏性

幼儿的表演游戏与成人的戏剧表演有本质区别。成人的戏剧表演必须在导演的指导下，严格按照剧本规定的情节进行表演，而幼儿的表演游戏具有明显的游戏性，主要表现在以下几方面。

第一，幼儿参加表演的动机是为了追求表演的满足和快乐，他们的表演游戏主要在于满足自己的表演兴趣、表演欲望，追求快乐。因此，不管在什么场合，不管有无观众，也不管演出效果如何，都不会影响幼儿的表演，即使很粗糙的表演都会给幼儿带来欢乐。幼儿并不追求艺术表演效果，而纯粹是自己的一种游戏。在进行表演游戏时，幼儿往往会忘记自己在表演，通常沉浸在游戏的快乐之中。

第二，表演游戏的内容常常有幼儿的认知情感特征，他们的表演并不完全忠实于作品，因而常发生删改作品，以及只反映文艺作品中某个侧面，渲染他们认为有趣的、重要的情节的现象。对幼儿们来说，这种表演只是一种游戏。

2. 表演性

幼儿从选择和确定所要表演的故事或作品那一刻起，表演游戏就已经有了一个规范游戏者的框架。在游戏过程中，幼儿会自发地在头脑中将自己的言行与故事情节、人物联系起来，故事作为"脚本"规范着幼儿的行为，成为幼儿行为表现的框架和评价自己及他人游戏行为的尺度。正是基于故事或作品的"再现"要求，构成了表演游戏"表演性"的基础，而且正是这种"表演性"，构成了表演游戏区别于其他类型游戏的根本特征。表演游戏如果缺乏"表演性"，也就缺乏了它自身作为一种游戏类型独立存在的依据。"表演性"之于表演游戏来说，也是它不可或缺的特性。

表演游戏的游戏性和表演性并不是互相排斥的，而是相互统一的。游戏性贯穿并体现在整个活动过程中，而表演性则是幼儿在游戏性基础上的进一步提升，作为活动的结果显现出来的。

3. 创造性

表演游戏的内容应基本依据作品原意。在此前提下，幼儿在表演时，也可以根据自己对作品的角色、情节的体验，在语言、动作表现上有所增添或改动。因此，表演游戏是幼儿的一项富有创造性的活动。幼儿的表演是对文艺作品的一种再创造。幼儿在进行表演时，并不会完全拘泥于作品本身的内容，他们在表演的过程中往往会融入自己对作品的理解和感悟，并结合自己的生活经验创造性地展现作品的内容。在表演游戏中，同一作品、同一角色会因为不同幼儿的扮演而产生不同的效果。例如，表演"狼和小羊"时，狼和小羊的形象可以是各种各样的，如凶恶的狼、狡猾的狼，可怜的小羊、聪明勇敢的小羊等，这些都是幼儿创造的结果。幼儿还喜欢根据自己的生活经验，自编自演一些新节目，这也是幼儿创造性的充分体现。

1. 锻炼幼儿的交往能力，增强他们的集体观念

文艺作品的表演是一种集体活动。在表演中不但每个人都占有一定的角色，而且各个角色之间又形成各种各样的关系，这就要求表演者既要有独立性，又必须互相合作。因此，表演游戏会使幼儿体会到集体的存在，懂得要玩好游戏必须努力使自己的行为符合集体的各种要求。同时，幼儿在表演游戏时，要协商分配角色，互相化装，共同准备道具、场景，要克服怕羞、胆怯的心理，并学会克制自己……这就培养了幼儿的交往能力、合作意识，而幼儿的表现又使他们体验到集体活动成功的喜悦与欢乐。一项针对238名4～6岁幼儿的表演游戏进行的实验研究发现，表演游戏能够促进幼儿同伴交往能力水平的提高，这种促进作用体现出一定的年龄特征；而且表演游戏对那些经常被忽视、被拒绝的幼儿的同伴交往能力的发展也起到一定的促进作用。

2. 能够丰富与深化幼儿的情感，具有心理疏导作用

在表演游戏中，幼儿通过对所扮演角色的理解，能够体验到不同的情绪，学会表达不同的情绪，从而可以丰富和深化自己的情感。表演游戏能使幼儿学习把自己处在别人的地位，因此促进情感移入的发展和对他人的考虑。维也纳的莫利诺博士专门将表演游戏当作医疗的辅助手段，他引导幼儿玩一种"即兴表演"的游戏，如格林童话的《小红帽》。他让幼儿们选一个角色扮演，幼儿们不必背台词，而是自发地根据角色的需要揣摩角色的心理，自编对白，而指导者随时做些提示或引导，并对幼儿们的活动进行心理分析。莫利诺博士发现，对进行表演的幼儿来说，他们在第一次扮演的时候发生了情感迷醉状态，而且随着表演次数的增加，这种迷醉状态会越来越微弱，攻击性强的幼儿变得越来越平和，而胆小、紧张的幼儿变得越来越勇敢。刘焱也指出，游戏能够丰富与深化幼儿的情感，具体体现在可以逐渐增强幼儿的成就感，培养自信心；发展幼儿的美感，拥有审美体验；发展幼儿的同情心和移情的能力等方面。

（三）表演游戏化课程的实施

1. 引导幼儿熟悉、理解文艺作品

选择了适合幼儿的文学作品后，教师就要制定一个详细的实施计划，帮助幼儿熟悉、理解作品，并根据幼儿对作品内容的理解和游戏情况及时调整、修改计划，以便于游戏的顺利开展。教师首先对所选择的文艺作品的中心事件、矛盾冲突、主题思想等应有全面了解，并利用讲故事、看图书、谈话等方式指导幼儿熟悉作品，帮助幼儿理解作品内容，掌握故事情节和人物形象特点。其次，教师可以通过讲故事、放幻灯片、让幼儿听录音等方式，帮助幼儿掌握作品的主题及情节的发展，体验角色的语言与动作特点，激发幼儿对作品中人物形象的感情，引起表演的欲望。最后，教师可以通过提问帮助幼儿理解作品内容，组织幼儿共同讨论，帮助幼儿了解角色的特点及表演方式。在表演过程中，切忌教师旁白，幼儿表演，否则教师成了导演，幼儿成了演员。有的教师还安排许多观众观看，幼儿完全处在被动的地位，结果游戏玩起来索然无味，表演游戏变成了"故事表演"，也就失去了游戏的自主性，不称其为游戏了。只有当幼儿非常熟悉文艺作品，才会自发地产生表演游戏的欲望，加上在游戏环境中投放适合的道具和服装，幼儿的表演游戏就会"水到渠成"，自然而然地进行了。

2. 鼓励幼儿进行创造性的表演

当幼儿熟悉文艺作品后，教师要用启发性的语言引导幼儿创造性地表演作品内容。幼儿在进行表演时，倾向于先对故事进行再现和模仿。随着经验的积累和创造性表演需要的出现，幼儿开始打破原故事情节的束缚，实现对角色、情节和情景的创编。小班幼儿的表演基本都限定在原有故事框架中，还不能自觉体验角色和场景的情绪情感状态，只是照搬作品里的情节。例如，小班在玩"小兔乖乖"中，表演到"大灰狼把尾巴从门缝里伸进来"时，教师一再提醒小兔子们要抱在一起，表现出害怕的样子，还做了示范。后来，幼儿虽然做出了"抱在一起"的动作，却始终是笑嘻嘻的。到了大班，幼儿才会逐渐地增加自觉的创造性表演成分，他们能够投入自己的情感，是一种"移情式扮演"。例如，在大班"敲锣打鼓迎新娘"表演活动中，迎亲队伍里的小演员们显然能够感受"迎亲"这一场景的喜庆气氛，一个个都是喜庆的神情。

表演游戏也离不开创造。同样的角色，每个幼儿每次游戏的表演都有不同的效果。幼儿可以创造性地运用动作和表情，增减情节与角色，删改对话，替换词语等。作为教师，我们要善于发现和保护这种创造性萌芽，鼓励和指导幼儿进行合理的创新，让幼儿顺利由作品表演向创作表演过渡。例如，在幼儿玩"小羊和狼"的表演游戏时，教师要组织幼儿讨论：当狼恶狠狠地说"谁让你喝我的水"时，语气是怎样的，表情又是怎样的，可以做什么动作，还可以怎样做，请幼儿试一试，要求幼儿想办法表演得与别的幼儿不一样。对于文艺作品中人物的对话、动作，以及作品情节的变化，教师应该引导幼儿思考该怎样表演，怎样才能表演得与别人不一样，并且要鼓励幼儿大胆地表现自己的想法。只有幼儿能用动作和语言充分地表现自己对文艺作品的理解时，表演游戏的创造性才会真正地体现出来。在表演游戏中，教师应尊重幼儿的意愿，让幼儿自己选择、设计、表演，发挥幼儿的主动性和积极性，鼓励幼儿自然、生动、创造性地表演作品的内容。

3. 创设表演游戏的环境

游戏环境是幼儿进行表演游戏的物体条件。教师可根据幼儿平日所喜欢的故事角色，吸引幼儿一起来准备玩具、道具和服装，并摆放在适当位置，以激发幼儿的游戏兴趣。表演游戏的环境主要包括舞台和布景、服饰和道具。

（1）简易的舞台和布景。舞台就是幼儿表演游戏的场地，幼儿园日常表演游戏一般有一个相对固定的表演区，如设在活动室的一角。有条件的幼儿园可以在专用游戏室里创设面积相对较大的表演区，如果条件不足，可以根据需要借用桌椅玩具等现成的物品来搭建一个临时小舞台。对于舞台布景，要求简易大方、经济适用，过于复杂的布景反而会分散幼儿的注意力，影响表演游戏的顺利进行。布景是为了渲染气氛、烘托情境。布景造型宜夸张，色彩要鲜明。例如，布景中用大型积木搭建的小房子，用金色的纸片进行包装，把门窗贴上金色的边，有利于幼儿生成表演的愿望。

（2）道具与服装。表演游戏的各种玩具造型、道具形象及服装的色彩都非常重要，不仅能激发幼儿的表演兴趣，还会影响幼儿在表演游戏中的情感体验。教师可和幼儿一起准备道具和服装头饰等。在道具和服装方面，教师不仅要考虑作品的要求，还应结合幼儿的实际生活经验。例如，幼儿扮演公主角色时，可以用一块头纱来代替。教师为幼儿准备的孙悟空、奥特曼、小鸭子、小花猫等人物头饰或面具，让幼儿可以根据情节需要自己选配道具和服饰。

总之，表演舞台的布景、道具和服饰应简单实用，这些材料尽可能自制，或利用废旧材料代替。教师应相信幼儿有能力布置环境，给幼儿布置环境的机会。将幼儿布置环境当作表演游戏的组成部分，调动幼儿充分动手的积极性、主动性和创造性，组织幼儿针对表演游戏的道具、服装、玩具等的设计进行讨论，充分发挥幼儿的想象力和动手能力。

4.各年龄班表演游戏化课程实施重点

（1）小班。与中大班幼儿相比，小班幼儿在表演游戏的动作、语言和社会性方面表现出明显的差异。

①特点：小班表演游戏动作简单。小班幼儿对游戏材料比较感兴趣，处于探索游戏材料阶段；小班幼儿自娱自乐，只是专注于自己的动作；他们除了因为某一材料发生争执外，几乎没有语言上的交流；他们的表演游戏主要处于平行游戏阶段，他们玩的内容相似，所需要的材料也差不多，偶尔会就游戏材料进行简单的交流。

②指导要点：教师应针对小班表演游戏有侧重地指导。教师首先应引导幼儿熟悉游戏材料，了解游戏材料的作用。教师对小班游戏的指导应以平行指导为主，给幼儿提供模仿的榜样。

（2）中班。中班幼儿身心各方面发展水平提高，在表演游戏中表现出一定的年龄特征。

①特点：中班幼儿的动作发展水平明显提高，种类丰富，在表演游戏中主要重复几个自己会做的动作，对表演材料，尤其是装饰类材料仍然比较感兴趣，甚至会为头饰和装饰品发生纠纷。中班幼儿在表演游戏的时候，出现了联合游戏，但合作行为较少，如会就表演游戏各个角色的出场顺序和角色轮换的规则进行讨论和交流。中班幼儿基本能自行分配游戏角色，但是角色更换意识差。表演游戏的目的性和计划性差，需要教师的提示才能坚持同一游戏主题。

②指导要点：中班幼儿虽然动作丰富，但游戏中基本是做重复动作，缺乏表演技能。教师应帮助幼儿丰富社会生活经验，提升幼儿的表演技能。教师应为中班幼儿提供丰富的游戏材料，引导幼儿根据故事情节的需要有选择地使用游戏材料。中班已经出现联合游戏，甚至有些合作游戏。教师可以以合作的方式进行指导，教师参与表演游戏，担任某一角色，起到榜样的作用。教师在尊重幼儿角色分配的基础上，引导幼儿有意识地更换角色，讲解更换原则。教师

要引导幼儿树立游戏的目的性意识。

（3）大班

①特点：大班幼儿就表演游戏的主题和同伴进行协商确定，并且在表演过程中能够围绕同一主题进行，表现出一定的目的性和计划性；他们出现合作的游戏行为，并具有明显的角色更换意识；往往几名同伴一起玩，每个人担任着游戏中不同的角色，相互配合地将游戏进行下去。大班幼儿有一定的表演技巧，有相对丰富的社会生活经验，能够灵活运用多种表现手段，但表演水平不高。

②指导要点：教师应为大班幼儿提供种类多样、数量充足的游戏材料，以鼓励和支持他们进行多样化的探索。对于大班幼儿，教师要放手让他们自行游戏。教师在观察的基础上为幼儿提供反馈，帮助他们提高生动形象地表现故事的能力，使表演具有一定的艺术性。

总之，对于各年龄班表演游戏的指导，教师应结合幼儿的年龄特征与实际生活经验，在尊重幼儿主体性的基础上，为幼儿提供必要的反馈与支持，以提升幼儿表演游戏水平。

第四章 幼儿园户外环境创设要素

第一节 幼儿园户外环境创设的核心与特色

一、幼儿园户外环境创设的核心

目前，有个别幼儿园在认识上有一种错误的观念，即单纯追求外观的豪华漂亮和形式的新颖别致，而忽略了环境在内在教育价值上的丰富性。它们表面上看起来"丰富多彩"，实际上幼儿园的环境和幼儿缺乏联系和沟通，未对幼儿发展产生作用，在教育价值上也"空洞无物"，环境仅仅成为摆设而已。因此，教师在环境创设时不能"随心所欲"，要在充分考虑幼儿的年龄特征、个性特点和认知水平的基础上，根据幼儿发展需求，有目的地进行幼儿园环境创设，从而促进幼儿健康发展。此外，重视物质环境的创设并不是要幼儿园盲目攀比，一味地追求"高档次"，也不是单纯地追求外观的豪华漂亮和形式的新颖别致，而是要注重幼儿园的物质环境教育效益的最大化，符合幼儿身心发展的需要。

二、幼儿园户外环境创设的特色

部分幼儿园或教师只是一味地克隆其他幼儿园或班级的环境创设，而忽视因地制宜地对地方乡土资源、自然资源的充分挖掘和利用，也缺乏对本园或本班课程进行个性化的创设，因此要确立"环境就在身边、材料就在身边"的理念，注重环境创设的本土化和个性化，与园本化相结合，走特色创新之路。

（一）加强乡土资源的开发与利用

1. 树立科学的环境创设理念

爱尔维修曾说："我们在人与人之间所见到的精神上的差异，是由于他们所处的不同环境，由于他们所受的不同教育所致。"环境能够对幼儿认知、能力、情感等多方面的发展产生巨大的影响。高质量的环境是优质学前教育的重要保障和构成要素。对于乡镇幼儿园来说，它们要想创设适宜的幼儿园环境，就必须树立科学的环境创设理念，才能够促进幼儿健康、和谐的发展，并实现自身的成长和卓越。

鞋合不合适，只有脚知道。在幼儿园环境创设中，要根据园所和幼儿这双"脚"的特点，去创设环境这双"鞋"，而不是盲目追求现代化的装潢，配置高端、时髦的设施和玩教具；或以成人的想法代替幼儿的需求，随意进行环境布置。乡镇幼儿园不仅要从自身实际出发，全方位地审视自己，给予自身正确的定位，还要从幼儿的特点和需求出发，创设适宜幼儿成长的环境。

乡镇幼儿园处于农村地区，拥有丰富多样的乡土资源。幼儿园开发、利用乡土资源进行环境创设，能够贴近幼儿的实际生活，最大限度发挥环境的教育功能，创造出美观且具有感染力的环境。幼儿园要纠正其已有的错误观念，发挥其所具有的资源优势，将开发、利用乡土资源作为幼儿园环境创设的利器，大力支持、引导乡土环境的创设，走出一条特色化的乡土环境创设路子。

2. 加强幼儿园对乡土环境创设的引导作用

在环境创设中，幼儿园不仅要树立正确的环境创设理念，还要站在统领全局的高度上，积极发挥引导作用，在全园范围内推动乡土资源的开发和利用。

首先，在开展乡土环境创设的起步阶段，幼儿园要大力推广乡土资源的开发和利用。幼儿园要重点强调乡土资源对幼儿园环境创设的价值，强化教师利用乡土资源开展环境创设的意识。幼儿园要加强教师的思想建设，引导教师建立"人尽其能、物尽其用"的资源观和价值观，并鼓励教师进行乡土环境创设的探索和实践，力求在环境创设中全方位、多角度、深层次地开发和利用乡土资源。

其次，在开展乡土环境创设的实践阶段，幼儿园要持续关注教师乡土环境的创设进程，对整个幼儿园的创设活动和创设效果有整体的把握和引领，并对教师在创设中出现的问题及时给予指导，为教师在创设中遇到的困难提供帮助。与此同时，幼儿园也要加强乡土文化的创建，使精神环境和物质环境相互呼应，形成和谐的整体环境，促进幼儿园环境教育功能的发挥。

最后，在开展乡土资源环境创设的反思阶段，幼儿园要对整体的乡土环境创设形成客观、准确的评估，并带领教师探讨开发、利用乡土资源创设的经验教训，使教师更好地完善幼儿园乡土环境的创设，并由此形成良性的循环提升，促进幼儿园整体乡土环境创设水平的提高。

3. 提升幼儿园对乡土环境创设的管理能力

提升幼儿园对环境创设的管理能力，有利于创设出更有效、更高质、更满足幼儿需求的幼儿园乡土环境。提升幼儿园对环境创设的管理能力，要从人员管理、物资管理、场地管理三个方面进行。

第一，幼儿园对人员的管理要从教师的选聘、培养、激励三个方面入手。首先，幼儿园要选聘具有较高学历和丰富经验的教师进入幼儿园。调查发现，较高学历的教师及有一定教龄的教师具有较高的环境创设水平，能更好地促进乡土资源的开发和利用。其次，幼儿园除选聘专业能力较强的教师外，更重要的是加强对教师的培养。大多数教师缺乏对乡土资源开发、利用的能力，希望能得到切实有效的指导。一方面，幼儿园应加大对教师的培训力度，通过聘请专家讲座、参与网络课程学习、进行实地参观等多种途径为教师搭建学习平台，提高教师的环境创设能力；另一方面，幼儿园要发挥自身的管理作用，组织园内教师开展交流、分享创设经验，为教师搭建相互学习的桥梁。最后，幼儿园要努力激发教师利用乡土资源创设环境的热情。幼儿园一方面要从精神鼓励着手，培养教师的归属感、责任感和成就感；另一方面要定期检查，设置合理的考核，制定相应的奖励机制，保护教师的创设积极性和持久性，促进教师乡土环境创设工作的顺利进行。

第二，幼儿园要为教师提供资金和材料支持。幼儿园是教师开展工作强有力的后盾。幼儿园要在能力范围内尽全力支持教师开展环境创设工作，满足教师的创设需求。例如，对于大型乡土材料收集或乡土设施的制作方面，幼儿园需要发挥作用，为教师提供所需的资金支持和材料帮助。

第三，幼儿园要加强对户外活动场地的开发和创设。户外活动在幼儿的生活中占有极其重要的位置，因此创设适宜的户外活动环境势在必行。首先，幼儿园要根据本园的地形、地况合理规划户外活动区域，不仅要创设基本的活动场地，还要设置沙坑区、绿化区、种植区等区域，满足幼儿多种多样的户外活动需求。其次，幼儿园要努力挖掘乡土资源，创设具有本园特色的户外环境装饰。幼儿园，一方面可以寻找适合自身的乡土素材对户外围墙进行创设；另一方面可以利用自然材料和生活材料重新设计、加工，对户外场地进行灵动的装扮和点缀。最后，幼儿园要巧妙利用乡土资源自制各类运动器械、器具，如竹排、独木桥、草球、轮胎秋千等，为幼儿增添乐趣，提升幼儿锻炼的积极性，提高幼儿的户外运动质量。

（二）注重回归幼儿的本真

教育回归幼儿本真，是指教育要回归人的本性和真实面貌，要将人确立为教育的原点，要能唤醒主体的生命自觉和激扬个体的生命潜能，要能在全面发展的基础上培育其自由的个性和完整的人格。幼儿园教育回归幼儿的本真具有强烈的现实意义。回归幼儿本真的教育，其目的是发展幼儿，因此应该尊重幼儿发展的规律和生活的世界，尊重幼儿的兴趣和需要，助推幼儿按其本性生长。强化回归幼儿本真的教育理念，其本质是强化教育的本体功能，即教育要在尊重幼儿本性的基础上为其可持续发展奠定良好的能力和个性基础。只有让幼儿获得了良好的发展，才能使教育更好地实现幼儿发展之外的其他目标。幼儿的学习具有生活性、探究性的特征。回归幼儿本真的教育应该从幼儿的生活与学习环境入手，让幼儿通过直接感知和亲身体验来发展各项能力与品质。

幼儿是自然人，所以对幼儿的教育应该遵循一定的自然法则，即应该遵循幼儿在身体、智力、年龄等方面的自然规律和节奏，把他们培养成为自然人。陈鹤琴认为，幼儿的天性表现为他们喜爱游戏和模仿、喜欢野外生活并具有好奇心，对幼儿的教育也应该顺应这一自然性，应该为他们创设真实且富有教育价值的户外环境。幼儿的学习活动多以游戏和生活活动的方式展开，尤其是游戏对幼儿的主动发展具有重要意义。游戏作为幼儿本性抒发和探索世界的重要方式，它让幼儿在各种形式的交往活动中不断打开自我。通过游戏来发展幼儿，一方面强调的是喜爱游戏是幼儿的天性，另一方面强调要为幼儿创设良好的游戏情境。因此，在幼儿园教育过程中，教师应该在尊重和顺应幼儿身心发展规律的基础上，让幼儿在自然环境中进行自主的游戏、探索和学习，要支持幼儿在接触自然和生活事物的过程中积累有益的直接经验和感性认识。幼儿园环境是幼儿开展各项学习活动的依托。幼儿园户外环境不仅包含自然环境，还涵盖了幼儿的生活及本土文化等内容。创设一个融合了自然、生活、文化要素的幼儿园户外环境，能够促进幼儿对学习的参与，能够使幼儿园教育按照幼儿的本性来开展，从而使幼儿的身体、智力、情感等得到有质量的发展。

（三）增加微社会场景

以福建省莆田市仙游县某所幼儿园户外空间创设为例。

1. 微社会场景的故事起点

社会场景具有丰富的话语运作、体现性的活动、经验性的事实与想象力的运作。教育场景与社会场景一样，同样具有交互的、生成的性质，是个体与空间的交互作用。吕进锋与曹能秀认为，教育空间是社会空间的一种特殊形式，也可以看作教育空间兼备社会空间的基础属性。

微社会场景具有教育场景的性质。杜威（John Dewey）也曾在《学校即社会》一书中谈论学校中的社会功能。在幼儿园的空间创设中，微社会场景同样具有社会教育功能。福建省莆田市仙游县鲤中实验幼儿园就是一个比较典型的例证。该幼儿园园长将周边邻近"步行街"的街景与商家作为幼儿园环境创设的一环，目的在于让幼儿们对自身所处的土地能多一分认识、关怀与感知。空间感知是一种与自己身体相关的空间定位的能力，而这个能力有助于幼儿对周遭环境的认识。在访谈过程中，园长说："幼儿园空间创设不是我一个人的权责，更不是我一个人的事，而是园内所有师生的事。"微社会场景的理论作为该幼儿园空间创设的基础，除增加幼儿们对自身所处环境的熟悉之外，更重要的是它还扮演着幼儿园与社会环境之间的沟通桥梁，让园区与社会之间有了联系的情感。将这个步行街的建筑、街道、商店浓缩至幼儿园中，让幼儿们可以获得最真实的回忆与生命体验，此部分可谓引发幼儿园空间创设的故事起点。

2. 微社会场景幼儿园户外环境创设案例

福建省莆田市仙游县鲤中实验幼儿园在仙游县委县政府及教育局等相关部门的大力支持下，逐渐添置了诸多户外的大型玩具，构建了玩沙玩水区、种植角，班班配备了保温桶、电子白板、钢琴、消毒柜、环保课桌椅与区隔柜等设施。2019年，该幼儿园致力于城镇与幼儿园环境空间一体化的园内空间改造，并让幼儿有机会参与到空间改造中。总体而言，仙游县鲤中实验幼儿园总体面积并不大，幼儿能使用及改造的空间有限，但正因为有限，才凸显该园的空间改造的意义与园长的领导魅力。也就是说，本案例发生的故事背景是在狭小的活动空间中所展开一系列与幼儿们空间创设的探究旅程。

幼儿以投票决定微社会场景的内容经验。

（1）民主投票决定空间摆设何种物品

对于幼儿来说，每个人都有自己喜欢的物品，如果能将这些物品摆放在学习的环境中那会有多好。但每一个幼儿都有自己的想法，怎样才能说服其他人支持自己的想法呢？园长介绍说，当初幼儿们在决定要开"花店"还是"玩具店"时，确实因不同的幼儿有不同的想法，导致布置何种商店的日程被延迟。因为这两种商店都是幼儿们喜欢与想要的，一时之间无法决定要开设哪一种商店，最后这群幼儿以"投票"表决的方式来处理。幼儿们自己设计简单的问卷去询问每一位小朋友的意见与想法，最后统计出要"花店"或"玩具店"的人数，再来跟园长报告最终结果。园长要幼儿们想清楚需要什么样的店，为什么要这样的店，以及这样的店能给幼儿园的其他小朋友什么样的感受。在这一系列的问题之下，幼儿们为了自己的理想，开始跟其他小朋友交流，游说别人支持自己的想法。最终，幼儿们决定要开一间"玩具店"。幼儿们通过这样的程序，清楚明白要设计一间店是需要众人同意的，而不是只要自己喜欢就可以。

（2）申请书决定空间购买何种物品

当幼儿们决定要开一间"玩具店"之后，又遇到一个问题，就是"玩具店"中要摆放何种商品。园长表示，为了要让幼儿们知道请购物品的流程，她让这些幼儿自己去设想，每一位小朋友都可以提出自己的诉求，但这些诉求必须要清楚说明原因及理由，若能得到其他幼儿的支持，那是最好的。所以，幼儿们开始集思广益，甚至有些小朋友会在放学回家时特地再去商店街一趟，了解有什么商品最适合摆放在幼儿园中，让幼儿们一起玩耍。

在微社会场景的引导下，幼儿们通过民主的程序取得购买娃娃机的权利。园长说，小朋友在商店街玩娃娃机都需要投币，所以小朋友们便在娃娃机旁边的空间规划了一部取款机，方便小朋友没有钱时可以取款。这个空间区域的设计是幼儿们以商店街中的娃娃机为核心，延伸出其空间规划。园长自己也说，当初自己也没有想到幼儿们会设计这个取款机，令人十分惊喜，这群幼儿的表现确实超乎大人的期望。

微社会场景的创设是一个指引，当幼儿真正将娃娃机买回来之后，才发现之前所没有想到的问题如今却一一呈现。回归到叙事探究本身的意义上时，探究本来就是对无法预期之事进行探索，而在此次的创设过程中，取款机的出现，是在幼儿们的思维下所产生的临机应变措施，也是他们实际的生活体验下所感知到的不足。

第二节　户外环境创设与幼儿园文化建设

一、多元文化对幼儿成长的影响

文化的多元化发展是当代世界和社会发展的客观要求，对幼儿进行多元文化的教育象征着新时代背景下对学前教育与文化多样性发展关系的新认识。早前多元文化教育的开展主要集中在移民国家，但随着全球化的发展，多元文化教育逐渐渗透到世界各国的教育之中。如今对幼儿进行多元文化教育，是世界各国教育的主流需求。多元文化对新时代幼儿的成长与发展，有着积极的影响及作用。

（一）培养幼儿的全球性眼光及国际视野

当今时代是信息化的时代，世界各国通过互联网形成了"地球村"，多种文化在"地球村"里碰撞和融合逐渐形成多元文化。多元文化的融合，意识形态的多样性和价值观的差异性，是当今世界文化发展的重要特征和趋势之一。这样的时代背景要求新时代的公民需具备开放和包容的态度，既要包容走进来的文化，也鼓励本土文化走出去。文化流动的过程凸显出全球意识和国际视野的重要性。在环境中融入本土文化和国际文化，营造多元文化的校园氛围，促进校园多元文化环境的形成，有利于现代素质教育的开展。通过环境潜移默化地影响幼儿多元文化意识及文化认同感，并让幼儿逐步形成适应时代发展的价值取向。幼儿多元文化教育是幼儿社会教育的重要组成部分，是时代背景对现代教育的基本需求，是培养幼儿全球性眼光和国际视野的最佳途径。

（二）培育幼儿多样文化和谐发展的文化观

随着全球化的不断深入，各种文化在交往过程中不断地发生碰撞，各种各样的矛盾和冲突不可避免，但碰撞和冲突带来了文化的融合与发展。多元文化和谐共存是世界文化发展的主流。多元文化教育应促使社会个体在应对各民族文化的交往过程中，建立多样文化和谐发展的文化观，实现人类文化的统一性与多样性的平衡。

多元文化视角下的幼儿园景观空间为幼儿提供理解、学习其他民族的文化的平台，使幼儿深刻体会本土文化，又让幼儿学习和理解异国文化，培养幼儿开放的意识和包容的胸怀。通过环境的教育意义灌输幼儿文化平等的观念，促进其多元文化价值取向的形成。幼儿的文化观是以自身认知为基础的，在日常交往过程中对文化产生心理体验和价值观念。幼儿园培育幼儿多样文化和谐发展的文化观可以从两个方面着手：一是培养幼儿对本民族文化的尊重及情感，通过传统文化教育及爱国主义教育，培养幼儿民族文化的自尊感，使其形成对民族文化的认同感；二是培养幼儿尊重其他文化，通过面向世界的教育，可以帮助幼儿理解人类文化的多样性，加强幼儿文化多样性意识的渗透，初步建立幼儿以理解、开放、包容的态度应对不同国家和民族文化，进而学会尊重其他文化。

（三）培养幼儿跨文化的适应能力与交往能力

多元文化教育以培养幼儿的国际视野为目标，以培养幼儿多元文化和谐发展为价值追求，以培养幼儿跨文化的适应能力与发展能力为使命，使幼儿成为面向世界、放眼未来，能够适应全球潮流、视野开阔的小公民。

如今，跨文化国际合作已经成为各国和各地区之间共同合作的主要方式之一。多元文化的发展是本土文化与国际文化的情感交流过程。我们要借鉴发达国家多元文化社会发展的优质成果，来拓展我国多元文化发展的途径和内涵。多元文化教育可以给予受众了解和学习其他国家文化的机会，培育其应对多元文化所应具备的观察能力及批判性思维能力。幼儿多元文化教育可以使幼儿了解、包容、尊重不同文化，为日后应对多元文化社会或是出国留学打下文化理解的基础。教育者要通过多元文化教育的手段，帮助幼儿适时调整其跨文化的认知观念与适应能力。培养具有全球意识、跨文化适应能力和交往能力的人才是多元文化教育的核心所在。

二、幼儿园文化建设与户外景观环境创设的结合

为了营造适宜学前期幼儿成长需求的幼儿园景观环境，其设计策略必须从幼儿的心理行为特征及幼儿园的教育理念出发。文化建设视角下的幼儿园景观异域文化，通过环境的媒介得以展现。这种多种文化相结合的环境能促进幼儿的认知发展。此外，传承地域文化及传播多元文化意识还需赋予符合时代背景的幼儿园景观环境全新的设计表达。

（一）根植于城市地域性的幼儿园景观设计

景观环境是文化的重要载体，景观设计应当为文化的传承与发展提供平台。文化也是我们创造的灵感与源泉，而从文化中衍生出来的景观形式有助于文脉的传承与发展，使景观焕发新时代的风采。真正的现代景观设计，其实就是人与自然、人与文化的和谐统一，所以景观作品要融合当地文化和历史遗迹。根植于城市地域性的幼儿园校园景观设计，能以潜移默化的方式使幼儿在校园环境中学习到城市的地域特色和历史文脉。幼儿园景观设计中城市地域性的表达，可以通过对原始地形的尊重与回应、重视地方材料的运用、注重地方历史文脉三方面体现。

1. 对原始地形的尊重与回应

当前幼儿园景观设计在进行场地规划方面，首要的就是将原本起伏的场地设计得平整，基地中原本的地形和植物一律不在考虑范围之内。重视地域性的幼儿园景观设计尽量不对地形做刻意的处理，保留场地中的小山丘等自然因素，使整个园区形成天然游乐场，景观空间的层次也将更加丰富立体。幼儿园景观设计应尊重场地的基本状况，设计应适应自然，而不是改造自然。国外的一些幼儿园及幼儿活动空间对场地基本状况的把握就比较好，如日本富士树屋幼儿园。由于该幼儿园规划场地较小，幼儿的娱乐游戏空间也都在建筑里，许多隔室之间是通过一个栏杆来隔开的，每个空间是通过阶梯联系在一起的，里面有许多休闲装置可供幼儿攀爬。再如加拿大的 Terra Nova 景观区，该设计充分尊重场地的基本条件，对整个活动区的地形没有作任何改变，同时向幼儿展示了多种景观类型，如潮间带浅滩、堤岸、沼泽及古今农业现状。该幼儿活动场所是根据这些现有的类型形式和特征中提取元素构建的，将蕴含教育寓意的知识融入整个空间中，最大限度地诠释了如何尊重和保护场地基本的地形和地貌，还向幼儿传达多种类型的景观文化，充分展示了如何把多元文化融入幼儿活动中。

2. 注重地方历史文脉

校园景观环境是城市文化和校园文化展示的重要载体，可展现出独特的精神内涵。在幼儿园景观设计中，可以提取城市发展的重要因素，或是城市发展过程中的重要节点及主要事件，再将这些元素进行整合，运用到路面铺装或者景观小品的设计中。城市文脉在景观小品中的直接展示，可以使受众了解城市地域文化和历史脉络，从而铭记历史、传承历史。

（二）以文化共生为重心的幼儿园景观设计

"共生"最早是由德国真菌学奠基人 DeBarry 在 1879 年提出的，属于生物学的范畴，原意是指不同物质在一起生活、共栖的状态。文化共生，顾名思义，就是多种文化在一个共同体里密切联系、共存的状态。文化共生的旨趣与多元文化是一致的，都追求多种文化在一个共同体中和谐发展。这里探讨的文化共生，是指传统文化与现代文化的共生、本土文化与异域文化的共生。

1. 传统文化与现代文化的共生

现代文化的产生是由传统文化沉淀而来的，而传统文化反过来又从现代文化中汲取新的因素，不断淘汰自身中落后的部分，并不断壮大。在文化传承与发展的过程中，传统文化为了适应时代的需求不断地进行创新，现代文化也必须与传统文化相互碰撞，产生重组、变异、更新，共同促进人类文化文明的繁荣发展。

幼儿园景观设计的传统文化表达可以通过把富有传统文化内涵的元素进行符号化处理，并用现代的手法进行演绎。能体现中国传统文化的元素有很多，有能体现中华传统艺术的元素，如书法、水墨画、剪纸等；也有能体现中国古典建筑艺术的元素，如瓦当、飞檐、榫卯、斗拱、镂空花窗等。设计者可以选取其中适宜运用到幼儿园景观设计中的元素，然后用抽象或简化手法进行设计，将这些元素镶刻于建筑立面、景墙大门、地面铺装上，或以景观小品的形式呈现。自魏晋起，中国古典园林逐渐开始追求诗画的意蕴及意境，因此现今的景观、建筑中传统元素的表达也会从古人的书画中获得灵感。

幼儿园景观设计中现代文化的表达也可以通过传统园林造景手法进行展现。借景、框景、夹景、障景、漏景、对景、小中见大、欲扬先抑等，都是中国古典园林的造园手法，而设计者可以借用这些手法在幼儿园有限的户外空间内为幼儿营建出更多的环境体验。

2. 本土文化与异域文化的共生

没有受到外来基因和文化形式影响的文化是极不可信的。当我们看到具体的地方建筑发展时，呈现出来的并不是外来形式取代了本土的文化形式，而是一个新的原创的产物，不与任何以前存在的元素全然相似，而是一个新的文化呈现于我们面前。本土文化与异域文化不是两个完全对立的概念。文化之间不应只有对立，而应顺应时代发展的潮流，将多种文化的精华进行提炼，共同运用到设计创作中。综观设计界，无论是建筑设计，还是景观设计，都或多或少受到多元文化的冲击。本土文化是由本土的自然因素和人文因素积累而成的，而异域文化是在社会发展过程中随着文化的传播而产生的。多种文化的碰撞和融合，促进了文化和设计的不断进步。

幼儿园的校园环境是自然景观，也是文化景观，是展现环境教育性的重要载体，对幼儿认知发展能起到积极促进作用。为培养幼儿开放的视野，校园环境不能过于封闭，需要与外界文化不断融合。本土文化与异域文化在校园中进行交流，为幼儿园文化建设提供了崭新的视角。幼儿园景观设计中本土文化的表达，可以通过地方元素的运用与积累、地方材料的灵活运用、城市历史和文化等信息的传达与传承等多方面进行体现；异域文化的表达可通过对国外园林的经典设计手法，或者是从世界历史文化遗迹及具有代表性的国家文化中进行元素提取，综合运用到幼儿园景观设计中，通过环境全方位的文化刺激促进幼儿多方面能力的发展。

三、中华饮食文化与幼儿园环境创设相结合

中华民族是一个讲究饮食的民族，在饮食方面享有很高的声誉。中国人几乎在每个节日中，都有特定的"吃"的习俗。正月十五吃元宵，清明节吃寒食，端午节吃粽子、喝雄黄酒，中秋节吃月饼，腊八节喝腊八粥，春节辞岁、吃饺子等，都是我国节日饮食方面特有的习俗。我国的幼儿教育家陈鹤琴先生认为："凡是可以给幼儿刺激的都是他的环境。"而一日三餐，是幼儿每天必须要面对的。利用中华饮食文化进行环境创设，既取材方便、操作便捷，又能充分调动幼儿的积极性，如利用"粽子"这一传统饮食为主题创设环境。幼儿园可以在端午节来临之际，让幼儿吃粽子，观察粽子的形状和制作粽子需要用到的材料；通过观察，让幼儿有目的地利用绘画或者手工制作的形式表现"粽子"；指导幼儿在家长的帮助下搜集关于端午节的资料，以图片或者幻灯片的形式展现；将幼儿们自己搜集的资料，如屈原的故事，端午节带香袋、吃粽子、赛龙舟的习俗，艾叶、菖蒲等实物张贴到墙面上，丰富班级墙面。有条件的幼儿园还可以给幼儿提供包粽子的空间环境，教幼儿包粽子，使幼儿在与实物的接触中知道粽子原是为了防止鱼把屈原的尸体吃了，划龙船表示去营救屈原，而香袋则象征着屈原万古流芳的品德节操。利用中华饮食文化创设环境最为直接的方法是将活动区划分为不同的小区域，如"特色小吃区"提供锅碗瓢盆等炊具、食物的模型，让幼儿扮演小小炊事

员，在叫卖中了解食物的名称、食物的分类及做法；"乡土园区"利用农家的草席、藤条、竹子、簸箕、背篓、箩筐等做装饰，学习使用小石磨制作豆浆，利用豆子、高粱、玉米等装饰墙面。

四、将红色精神融入幼儿园户外环境创设中

幼儿园根据场地特点和幼儿兴趣需要，将户外场地划分为操场训练区、器械创意组合区和自主游戏区，供幼儿进行不同的游戏，以满足幼儿的需求。自主游戏区里，教师可以巧妙利用大型器械开展"重走长征路"活动，让幼儿们对熟悉的器械产生强烈的新鲜感，玩得投入。骑行区里，勤劳有序的快递员、认真忙碌的洗车工、秉公执法的小交警等，每个人都认真履行着自己的职责，展现着劳动者的风采。

第三节　幼儿园户外场地规划与设施设置

一、一般装置

（一）相关标准及规定

1. 设备高度

设备的高度不得超过 6 m，其跳落高度不得超过 2.5 m。

2. 螺栓、螺钉和定位螺钉

关于螺栓、螺钉和定位螺钉，凡用于幼儿可触及的地方均须为埋头、圆头、杯头或平头等。

3. 设备的边缘及凸出部分

所有设备的构造应确保在任何位置均无足以危害幼儿的尖锐或粗糙边缘及凸出部分。木料均应刨光，木材及金属的边缘应稍打圆。

4. 座位及滑板表面

座位或滑板表面除长度不足外，不得有接缝（如长滑梯的滑槽面）；如有接缝，应确保光滑，毫无隆起或凹缺，以免引起伤害。

5. 危险间隙

为防止手、足、头及四肢陷入设备的危险间隙，距离地面 1 m 以上设备的任何部分不得有楔形陷阱，两构件间形成的任何小于 55° 锐角的设备均须覆盖围篱、阶梯、横木和货物网；间隙大于 11 cm 小于 23 cm，则有夹陷幼儿头部的危险。出于安全考虑，围篱栏栅的间隙应小于或等于 10 cm，货物网的间隙应小于 11 cm。

6. 中空部分

中空部分应妥善封塞，防止水分浸入，或适当开孔通风，以排除任何可能进入的水分，使锈蚀或变质的可能性减至最低程度。开设通风及排水孔的部分必须电镀，或采取其他防护措施。

7. 最小使用范围

凡邻接静态设备或动态设备的活动方向，须于幼儿活动范围外另加大于 1.8 m 宽的行动空间；邻接静态设备或动态设备的动作方向，须于幼儿活动范围外另加大于 1.2 m 的行动空间。设备中个别项目的最小使用范围不得重叠，最小使用范围内的地面须为水平。凡房屋间小径、过道、出入门口、围篱及沙坑，与各设备的幼儿活动范围均应有 1.5 m 以上的距离。

8. 设备下地面材料的范围

各项设备的幼儿活动范围，在静态设备（如攀登架等）下方的填料挡边须在设备以外 2 m，在动态设备的活动方向则需 3 m。

9. 通路

部分设备（如滑梯）应有永久性的固定通路。通路的形式可为攀登架、爬梯、阶梯或坡道。除坡道外，所有的脚踏面均应水平。

10. 止滑面

坡道、梯级的上面应设置耐用的止滑面，可以加窄条片或止滑条，或适当打孔的金属板，肋条或企口槽金属或塑胶；表面为经磨光、油漆或打光的木材。

11. 中间平台

中间平台的宽度应为通路的两倍以上，其长度不得小于 1 m。若转折角度约为 90°，则平台的长宽不得小于 1 m；若转折角度约为 360°，则相邻两通路间最小距离不得小于 30 cm，平台的宽度不得小于两通路的宽度及其间距离之和。

12. 倾斜通路

（1）阶梯的倾斜角度应在 15°～45°，梯级等距，其等距级高不得小于 17.5 cm，亦不得大于 27.5 cm；级深不得小于 22.5 cm，亦不得大于 35 cm，梯级宽度在幼儿的设备中不得小于 45 cm，其他设备不得小于 60 cm。

（2）爬梯 60°～65°，应用等距梯级的爬梯。此等距梯级高不得小于 17.5 cm，亦不得大于 27.5 cm；梯级宽度在幼儿设备中不得小于 28.5 cm，亦不得大于 51 cm；其他设备不得小于 45 cm，亦不得大于 60 cm；级深如果是开放式不得小于 7.5 cm，如果是封闭式不得小于 15 cm。

（3）爬梯 65°～90°，应用踏杆的爬梯。踏杆的间隔应为等距，且不得小于 17.5 cm，亦不得大于 30 cm，使用后者可以阻止幼儿攀登非其使用的设备。踏杆直径不得小于 1.9 cm，亦不得大于 3.8 cm，踏杆爬梯不得用于坠落高度达 2.5 m 的设备。

13. 攀登设施

活动爬梯、爬网及类似设施，无稳固支撑的，不得用于高于地面、平台或其他表面超过 2.5 m 的一般设备及超过 1.8 m 的幼儿设备。

14. 扶手

各级年龄适用的一般设备，应在所有坡道、阶梯及用踏板的爬梯两侧设高低两道的连续扶手，幼儿设备则各设一道。用踏杆的爬梯，以踏杆作为扶手的，无须另设扶手。

（1）梯级上方的高度：一般通用设备，高扶手 80～100 cm，低扶手

40 ～ 50 cm；幼儿设备 45 ～ 70 cm。

（2）平台或地面上方的高度：高扶手 120 cm，低扶手或幼儿设备 80 cm。

（3）扶手直径：扶手的直径不得小于 1.9 cm，不得大于 3.8 cm。

15. 护栏

平台及倾斜通路，其坠落高度在幼儿设备中达 50 cm 以上，在其他设备中达 120 cm 以上的，均应设置护栏，踏杆爬梯除外。护栏应完全围绕平台，并设于倾斜通路的两侧，以防止使用者跌落。设于通路出入口的护栏不得有缺口，但每边须设有垂直扶手。若该设备或其构造已具有类似的保护装置，则免设护栏。

16. 护栏高度

在幼儿设备中，护栏的顶端高出梯级踏板前端的高度不得小于 70 cm，其他设备不得小于 90 cm；坠落高度小于 200 cm 的幼儿设备，其通往滑梯平台处的顶栏高度不得减为 50 cm。

17. 体能装置

为将坠落危险减至最低程度，体能装置设备无论是单独装设，还是附设于其他设施，其总高度不得超过 2.5 m。

（二）秋千

秋千是幼儿园中较为常见的设施。放置秋千的标准如下。

1. 秋千间距

支架与秋千的最小间距应为 40 cm；秋千与秋千的最小间距应为 60 cm。

2. 秋千座位

（1）秋千座位或坐立两用的踏板，其表面须防滑。座位或踏板的上面应距离地面 45.5 ～ 63.5 cm；如为鞍式则不得超过 48.5 cm；座位或踏板的下面与地面的距离在载重并静止时不得小于 35 cm。

（2）秋千的每一个座位或踏板仅可供幼儿一人使用，其可坐面积不可过小。为减少撞击的伤害，秋千座位重量应尽量减轻，并使用吸收冲击性的材料，座位的边角应尽可能做成圆角。

3. 数量

秋千座位应不多于两个。秋千座椅上的链条、链孔的直径不得大于 0.8 cm，以免幼儿的手指被夹伤，链孔大于 0.8 cm 的可安排在非握把处，也可为链条套上软管。

注意：秋千的跳落区应皆为弹性地面，弹性面层厚度依秋千高度而定。

（三）滑梯

玩滑梯是幼儿们非常喜欢的游戏。但是，幼儿在玩滑梯的过程中，如果不注意安全，很可能会出现意外。

滑梯由攀登段、平台段和下滑段组成，一般采用木材、不锈钢、人造水磨石、玻璃纤维及增强塑料等材料，以保证滑板表面光滑。滑梯的尺寸要遵循人体工程学原理，与幼儿的身高、年龄和体型相契合，这样才能有益于他们的健康成长。一般在设计时，滑梯的攀登梯架倾角为 70° 左右，宽 40 cm，梯板高 6 cm，双侧设扶手栏杆。滑板倾角在 30° ～ 35°，宽 40 cm，两侧边缘高 18 cm，便于幼儿双脚制动。另外，成品滑板和自制滑梯都应在梯下部铺设厚度不小于 3 cm 的胶垫，或 40 cm 以上的沙土，以防止幼儿坠落时受伤。

（四）跷跷板

跷跷板最适宜设置于学步幼儿和学前幼儿的游戏场。

（1）跷跷板未载重并在静止状态时，每一座位均须水平，其上面与邻接地面的高度不得超过 1 m，运动极限的最大倾斜角度不得大于 30°。

（2）座位部分移动时，离地面的高度不得超过 1.8 m，而且每一个座位皆应有一个握把，其手握处直径不得小于 1.3 cm，亦不得大于 3.8 cm，高于水平座上面的距离不得小于 10 cm。

（3）应确保跷跷板的轮轴装置不会压到手指或身体其他部位，跷跷板底盘弹簧的机械装置应封闭。

（五）其他

（1）游戏设备应有许多种上下的方式并能流畅地连接，让幼儿可在上下之间自由地选择；所有游戏设备，包括混合结构设备和游戏屋，须至少有两个出口，游戏屋的窗口如果足以让一名幼儿爬过，则可视为出口。

（2）游戏设备最好都有自己的遮阴设施，尤其是沙坑，因幼儿使用时间会较长一些，须有固定的遮阴装置。

二、游戏场的附属设施

游戏场的附属设施，主要可分为围篱、通道、铺面、储藏柜、给水、排水和附加场地等。

（一）围篱

低年级游戏场的四周须建围篱。对较大幼儿而言，如果游戏空间毗连，则具危险性，如水池、繁忙的街道也须建围篱。围篱高度至少 1.2 m，配置的门可以配锁，使幼儿不能自行打开。围篱可以用钢丝网或木材等材料构筑。幼儿（2～6岁）游戏区毗连池塘或水池，须有特别的保护，如高围篱、保护门等。

（二）铺面

游戏场上开放空间最需要的植被是绿草，如需播种或铺草，草地应均匀分布于该区域，其下应铺设厚度为 20～30 cm 的肥土，以利草地稠密成长，并安装洒水系统以减少照顾草皮的经费和工作。优良草种的外观、耐久性、抗病力比较好，通常是在当地最普遍的品种。

所有移动、攀爬设备的跳落区内，皆须覆以高度弹性材料或松填料，如沙、树皮、碎轮胎、松皮碎片、水泥沙或泥土与稻草的混合物。由于这些材料易散失，因此须设护壁。最好选透水性能好的沙，其颗粒以圆形为宜，直径不得大于 0.3 cm，沙坑深度最少应有 30 cm，并定期重铺以确保区域内有最好使用的铺面。

（三）储藏

储藏设施有许多类型，如储藏棚、板条箱和储藏柜等，可依实际需要选择储藏设施。

储藏柜须直接放置于室外，并利于室外设备的存储。一般情况下，游戏场的特定区域，都须配备相应的储藏设施。例如，沙和水游戏设备靠近沙和水区，建构器材和木工工具靠近建构区，园艺工具用品靠近农场区，美劳供应品靠近美劳区等。

（四）给水排水

理论上，游戏庭院应远远地设置于建筑物之外；水沟应毗连建筑物，以利将水排离游戏区；而陡峭、倾斜区域应有足够的草本植物以预防冲蚀。

固定的设备不要设置于低洼区内，频繁的踩踏将加重地面的凹陷，并形成水和泥土的凹坑。

第五章 不同理念下幼儿园户外主题环境创设

第一节 以学习为出发点的幼儿园游戏环境创设

一、益智类户外游戏环境创设

（一）促进幼儿智力发展的要素

从心理学角度来讲，智力是一个完整的、独特的综合结构，它是在先天遗传的基础上经过后天的学习和环境发展而来的。在良好的环境中对幼儿施于合理的引导和培育，能有效地促进幼儿智力的提升。因此，本节首先对促进幼儿智力发展的要素做如下探究，包括感官刺激、运动、学习、游戏对幼儿智力发展的影响。

1. 感官刺激与幼儿智力发展

人靠各种感官功能（视、听、嗅、触、味等）从外界摄取信息供大脑加工、处理、储存，进而又不断促使大脑向更高级形式发展。《幼儿发展心理学》一书中指出："幼儿的感知觉、注意力、记忆、思维等认知能力在幼儿期会迅速发展。这种发展依赖于幼儿的各种感官，包括视觉、听觉、触觉、嗅觉等，都充分地敞开，接受各种适宜的刺激。""提高环境刺激的水平"是促进幼儿智力发展的有效方法。幼儿心理的发展水平与环境刺激的数量和质量成正比，在刺激丰富的环境中，幼儿心理水平能得到迅速提高。因此，对处在感官敏感期的幼儿施以丰富、合理的感官刺激及系统的引导，能够提高幼儿反应的敏感度，促进幼儿大脑向更高级形式发展。

2. 运动与幼儿智力发展

适当的运动对幼儿智力具有促进其发展并得以提升的作用。现代幼儿教育认为，幼儿在运动中能够多层次、多渠道、多方位获取信息，得到大量视觉、听觉上的多重刺激，促进智力发展。此外，在运动学习的过程中，幼儿的记忆能力、动作协调能力、操作能力和模仿能力等能得到全方位锻炼，其本体感觉也更加灵敏，从而帮助幼儿在运动中快速、高效地学习新事物，促进智力的提升。幼儿运动可以改善大脑皮质神经的强度、平衡性、灵活性而促进智力发展。在某项关于运动学习对幼儿智力发展的影响的研究中，采用韦克斯勒测验量表对 369 名 4～6 岁的幼儿进行智力测验，结果显示，运动学习能有效地促进幼儿智力的提升。此外，在我国《幼儿体育教学法》一书中也明确地把"发展幼儿智力"写进幼儿园体育任务中。因此，适当的运动有利于幼儿智力的发育。

3. 学习和游戏与幼儿智力发展

学习同样是促进幼儿智力发展的重要因素。幼儿学习的过程是幼儿不断获取外界信息并在大脑中整合、储存信息的过程。学习及掌握知识的过程也会促使幼儿积极思考，且在不断思考、分析、解决问题的过程中，幼儿的记忆力、注意力、思维想象力等都将得到发育，进而启发幼儿的潜在智力。此外，游戏是幼儿学习的有效方式，能促进幼儿全面发展。处于幼儿时期的幼儿，游乐是其主要的活动方式。幼儿在游戏的过程中去发现、探究、冒险，同时学会选择、决定、社交，以及如何应对失败。因此，游戏能有效地帮助幼儿提升口语、听力、社交等技能，促进幼儿各个器官的健康发育。

（二）益智类幼儿园户外环境创设

幼儿时期是幼儿智力发展的关键时期。处于幼儿期的幼儿在良好教育和环境的影响下，智力发展迅速。因此，基于以上对于促进幼儿智力发展的要素的分析，本书总结了益智类幼儿园户外空间创设的基本方法，具体包括如下几个方面。

1. 应用色彩元素，丰富幼儿的感官刺激

2018 年年末，一座造型独特、形似棒棒糖的建筑——棒棒糖理想园在云南

竣工。棒棒糖理想园拥有与其他作品不同的历史，它重新定义了建筑作为学校教学和文化背景的载体。在初始设计完成的半年后，建筑开始在一个与原本设计环境完全不同的地点被建造。

棒棒糖理想园在校园色彩方面借用了黎明时分天空渐变的颜色，从下往上，由深转浅，使校园充满神秘而又变换无穷的气息。色彩可以给幼儿带来不同的感受和情绪，而渐变色则可以给幼儿更多的想象空间。纯粹的渐变色使色彩更加生动缓和，既不单调，也不会给视觉增加负担，设计师在极力创造一个诗意且具有艺术气息的世界。在这个奇异的世界里，幼儿们可以自由地体验、成长并感受四季。

在室外活动区，混凝土及色彩的对比达成了有趣的和谐统一，新与旧的碰撞带来了更多空间构成的可能性。室外活动区域是幼儿们最主要的日常活动范围。设计师希望此区域更具有开放性和灵活性，可以满足不同年龄段学生对于空间的需求。当阳光穿梭进幼儿园，在地面上折射出五彩斑斓的色彩，变成一个个有趣的光影游戏。正是这些小细节，让校园显得如此特别，此区域更是深受家长和幼儿的广泛喜爱与好评。

2. 提高环境的教育价值

学习是影响智力发展的重要因素。户外活动场地作为课程实施的重要组成部分可发挥重要的教学功能。幼儿园户外空间规划需充分挖掘户外环境中的教育资源，让幼儿获得最直观的知识经验。"接触自然法"为当代流行的幼教方法。园区户外空间设计需充分与自然结合，让幼儿在自然中获得丰富的感官刺激，通过观察自然界的水、沙、石、泥、花、草、木、虫和鸟等去认知自然，了解自然。前文提到的在园区内创建"种植角"，即为幼儿园户外空间教育教学环境有效的创设方式。创建让幼儿体验劳作、认识事物的场所，通过让幼儿参与拔草、松土、种植、浇水、施肥、管理等，培养他们的责任意识，满足幼儿对大自然的好奇心和探索欲，充分挖掘幼儿的创造力、想象力，创造一种新的教育学习方式。一些幼儿园户外面积较小，可通过立体化的方式增加种植面积，如搭建架子种植藤条植物，也可于架子上铺设台面放置盆栽，或利用墙面等进行种植，也可以利用一些废品，如旧轮胎、牛奶盒等完成栽植。

此外，在科学与艺术启蒙方面，合理的幼儿园户外景观营造应注重对幼儿艺术与科学等领域的培养，促进幼儿绘画、音乐、舞蹈等艺术细胞的发展。园区可因地制宜为幼儿创设各种类型的涂鸦条件，如户外涂鸦墙，或使用一些可以涂鸦的材质，如沙子、泥土等，以发挥幼儿自身的创造力。景观营造方面还可以考虑数字、字母等元素的应用，即为幼儿早期的数学或英语启蒙。此外，园区户外空间可创设高低起伏的地形，不同的空间类型，如覆盖空间、下沉空间、上升空间、开放及半开放空间等，可以帮助幼儿们体验空间位置。

3. 创设丰富的户外运动和游戏场景，提供多样化的运动空间

幼儿园户外空间还需创设丰富的户外运动场景，为幼儿提供多样化的运动空间。幼儿户外运动通常包含自发性运动和预设性运动。预设性运动多为传统的幼儿集体活动或正规的户外教学活动，通常包括户外体育活动，如课间操、运动会、体育课等，以及其他户外集体活动，如主题户外活动课、大型亲子活动等此类活动为教师提前预设，以年级或班级为单位，统一开展幼儿户外活动。

因此，户外空间规划中须预留宽敞集中的集体活动空间。地面是集体活动区域设计的重点，如设计兼具游戏用途的幼儿做操指示站位点、跑道等。在保证开敞空间的同时，增加场地使用的多样性，或单独设计体育活动区，区内设置基础的体育锻炼器材，包括投篮设施、地面跑道等，供体育课及课下使用，用于幼儿最基本的体能锻炼。当园区面积有限时，可将体育活动区和集体活动空间合并，在集体活动场地周边适当设置体育锻炼器材，提高场地使用率。此外，园区户外空间规划设计还可以合理利用屋顶场地。

不同于预设性运动，幼儿自发性户外运动多为幼儿自由选择的活动，多随着幼儿的游乐玩耍同时进行。因此，园区的户外规划设计应创设不同的游乐场景，提供多样化的户外活动空间，如自然体验区、玩沙区、玩水区、玩泥区、攀爬区、大型游乐器械区、休息区、私密区等，让幼儿在自发游戏、玩耍、运动中获得智力提升。其中，大型游乐器械区是规划中必不可少的，区内应配备多种适合幼儿体能锻炼的大型游戏器械组合，包括促进幼儿平衡能力发展的秋千、平衡木，促进幼儿眼、脑、手、脚协调发展的攀爬滑梯组合等，以锻炼幼儿体力、脑力及胆量，促进幼儿健康体格的形成。此外，其他规划区域也应尽可能给幼儿创造运动大块肌肉的多样化空间，为幼儿提供跑、跳、弹、滑、攀、爬、钻、蹲、滚、旋转、升降、踩踏等的运动机会，使幼儿在复杂的环境中得到锻炼。

但是，在幼儿园户外空间规划设计中，这些接触行为却常受到禁止或阻拦，因为其具有潜在的危险性。例如，沙和水是幼儿乐于接触的物质，并且幼儿阶段玩沙和玩水有助于激活幼儿大脑皮层的细胞，而有些园区虽设计了玩水的戏水池，水池里却常年无水，或是在规划中直接不予考虑，因为设计者认为幼儿在戏水的过程中存在不安全因素。日本建筑师手塚贵晴说过："不要过度保

护或控制幼儿，这会使他们失去自己辨识危险的能力。"虽然安全常被作为评价幼儿园户外空间环境的首要指标，然而过度保护会阻碍幼儿各方面的发展。因此，幼儿园户外空间的规划设计要在确保幼儿安全的前提下，为幼儿营造自由的游乐空间环境。

二、基于审美学习的美工区游戏环境创设

美工区域蕴含了非常多的创造性元素，也是幼儿学习美术的主要区域。教师在实际教学时，应结合课程游戏化教学需求与幼儿实际，对美工区域环境进行创设，促使教学情境与幼儿的身心特征更加相符，鼓励幼儿大胆想象，并根据其自身的意愿主动进行创作。教师可以为幼儿带来一些潜在的影响，以帮助幼儿更好地掌握美术学习的操作技能与方法。通过创设美工区域环境，幼儿可以较好地掌握使用美术工具与材料的方法，以对作品进行更好的创作。

教师在实际开展中班幼儿美术教学时，可以通过构建游戏化的课程，有助于幼儿操作能力的显著提升。在此情况下，幼儿的手指动作灵活程度更高，可以较好地应用剪刀等工具，认识事物的程度也明显提高。因此，教师在创设美工区域环境时，应充分结合中班幼儿的操作能力，实施课程游戏化教学，以推动教学质量的提升。

（一）合理设置美工区域布局

教师在对幼儿园美工区域进行设计时，首先要结合幼儿实际与课程教学需要，对美工区域的环境进行精心设计，不断提升其美观性，增强其对幼儿的吸引力，促使幼儿更好地融入课程游戏与美工知识学习的环境中。与此同时，教师应在环境创设的前提下，对区域布局进行构思，要充分考虑动静结合与美观性，并综合考虑环境与布局是否适合幼儿园及幼儿发展。此外，教师还应对其各个区域的特征与教育价值密切关注，以合理分配教育资源，投放相关学习材料。教师可以选择园区内一个具有充足阳光且空间足够、相对安静的区域，结合幼儿需求，合理进行区域布局。

比如，教师可以以"我上幼儿园啦"为主题，对美工区域环境进行创设。在选择的区域内，教师可以为幼儿创设森林风格的新环境，当幼儿走进美工区域环境时，会被教师的精心布置吸引。教师可以引导幼儿想象自己就是森林建筑师，在此基础上开展美工实践学习活动。在创设环境的基础上，教师可以充分结合幼儿的意愿与需求，强化美工区域之间的联系，如可以模糊区域之间

的隔断，实现美工区和建构区之间的互通。比如，在该森林风格的美工区环境中，一只小狗突然进入了该区域，此时教师则可以要求幼儿利用区域内投放的材料，画出一只可爱的小狗。区域环境互通，可以实现区域材料之间的共享，也能在各区域内充分渗透教育价值，促使幼儿在开展区域活动中可以进行美工操作，进而有效吸引幼儿参与美工活动的学习，并实现一些个性化的操作等，切实提升幼儿的美工实践能力。

（二）设置区域规则提示牌

教师基于课程游戏化背景，对美工区域环境进行创设，是为了引导幼儿在美工区域内更加合理地开展活动。基于此，幼儿在美工区域内的活动会更加顺畅，参与美工活动的自主性更强，也会主动遵循区域内活动的规则。教师在对美工区域的规则牌进行设置时，可以规定在该区域内容纳的人数、开展课程游戏的规则等。创设美工区域规则提示牌，有助于强化幼儿的规则意识，促使幼儿养成更加良好的行为习惯，提升其行为品质，对于幼儿成长发展非常有利。

比如，教师在以"我居住的区域"为主题，对美工区域环境进行创设之后，可以通过对规则牌的制作，帮助幼儿在该区域内更好地参与各类活动。在教师创设出该环境之后，幼儿每天都喜欢在该区域内开展美工活动。教师必须要对规则提示牌进行制作，以促使幼儿规范参与各类美工游戏活动。在该区域内，教师可以制定规则，规定进入该区域内的人数必须是6人，其中，3名男孩扮演爸爸，3名女孩扮演妈妈，要求幼儿根据各自性别选出对应的角色，同时轻声地同他人展开交流。在游戏结束之后，教师要求幼儿必须要把所使用的游戏材料归位。在糖果屋里，教师也可以设计这样一个游戏规则：规定进区的人数只能是两人，1人扮演顾客，1人扮演糖果店的老板；"老板"要主动地把糖果的种类与味道介绍给"顾客"，当货架乱的时候，要求必须及时进行整理，以确保货架足够整洁。而在小厨房区域中，教师可以规定进区的人数也是6人，并且规定在开展课程游戏之前，要求幼儿必须把手洗干净，并穿戴好衣帽之后开始进行美食制作与餐具整理等活动。在此过程中，对于规则提示牌的制作，教师要求幼儿利用其掌握的美工活动技巧和工具等共同进行制作，以切实提升其参与课程游戏的程度，并取得更好的美工区域活动效果。

（三）设定幼儿作品展示区域

在开展幼儿园幼儿美工教学活动时，可以发现幼儿制作出的作品多种多样，类型非常丰富。因此，在此时期，作品展示台非常关键，幼儿在对作品进行展示的过程中，能充分感受成功带来的喜悦。幼儿在对他人作品进行欣赏的过程中，也能实现自身欣赏能力的提升。而在幼教的实践过程中，会经常出现很多突发情况，如幼儿作品未能完成，表现出极度不舍，非常想做完之后再离开。针对这种情况，教师在对美工区域进行设置时，应设置专门的区域，促使幼儿可以将其作品存放在该区域中。最为关键的是，对于幼儿完成的优秀的成品，教师可以设置作品展示区域，为幼儿提供展示自我的机会。比如，教师在以"趣玩冬天"为主题，对美工区域环境进行创设之后，可以发现幼儿在该区域内创设了很多以冰雪为主要元素的作品，在幼儿作品中画出了很多的雪人、雪花及雪山等，也有一些作品展示的是厚厚的冰层。对于幼儿的作品，可以发现其中有一些水平较高、完成质量较好的作品，具备展示的价值，教师可以张贴出来供幼儿分享交流和学习。因此，教师应在原有的美工区域环境的基础上及时改进，重新规定一个专门的区域供幼儿将其作品呈现其中，让其他幼儿可以自由地欣赏。在此之后，可以发现其他幼儿的美工素养也得到了极大的提升，幼儿参与此类课程游戏的程度明显提高，整体的美工素养也得到显著改善。

总体来看，基于课程游戏化背景开展幼儿园幼儿美术教学，教学效果提升更为显著，幼儿学习质量相对来说也更高。教师应密切结合游戏化课程的实施与幼儿园幼儿的实际需要，创设幼儿园美工区域环境，为幼儿更好地学习美术等知识创造更为有利的环境，促使幼儿健康成长。与此同时，教师还应在对环境进行构思的基础上积极调整美工区域格局，改进教学方案，以切实取得教学实效。

第二节　自然教育理念下的幼儿园户外环境创设

一、自然主义教育思想

（一）自然主义教育思想的内涵

1. 自然主义的内涵

学界对"自然主义"没有统一的解释。《牛津英汉双解词典》赋予"自然主义"两层含义：第一，一种写作或艺术手法，纯写实派（a style of art or writing that shows people, things and experiences as they really are）；第二，一种认为宇宙间的一切存在和事件都是自然的理论，哲学概念 [（philosophy）the theory that everything in the world and life is based on mural causes and laws, and not on spiritual or supernatural ones]。《不列颠百科全书》则认为，"自然主义是一种认为宇宙间的一切存在和事件都是自然的哲学学说"。《大美百科全书》的解释是："自然主义是一种相信自然科学方法的学说。"《哲学大词典》中的"自然主义"泛指一种主张用自然原因来解释一切现象的哲学思想。

虽然学界对"自然主义"有着不同的看法，但大致上对"自然主义"的阐释也有相同之处，那就是都强调以自然为中心，促进人与自然的和谐发展。本节的"自然主义"主要是指从教育学分析角度的自然主义，而不是它的哲学概念。自然主义是一种顺应幼儿天性，让幼儿自然而然地发展的思想。

2. 自然主义教育的内涵

教育大辞典的解释是：自然主义教育（naturalistic education）是一种产生于近代西方资产阶级的教育理论和教育思潮，它主张教育要遵循幼儿的自然发展顺序。自然主义教育思想是一种要求教育者顺应人的自然本性，遵循人的自然发展规律，促进人的身心自由发展的教育思想。本节所阐述的自然主义教育是指教育者充分利用自然资源，顺应幼儿天性，尊重幼儿身心发展规律，促进幼儿学习与发展的教育。

（二）自然主义教育的主要思想

1. 教育必须以自然为师

自然主义教育思想家们都很崇尚自然，无论是中国古代自然主义教育家主张"和四时之节，察陵陆水泽肥墽高下之宜……立大学以教之"，还是中国近现代自然主义教育家要求解放幼儿，让幼儿走出教室去接触大自然中的花草树木、虫鱼鸟兽等，从古至今自然主义教育家们都在提倡教育要以自然为师。人从根本上说是自然界的一分子，自然界中的事物对人的发展有着重要意义。正如蒙台梭利所提出的，"让幼儿沐浴在大自然之中，使幼儿的身心与天地万物交融，从而使幼儿可以直接从大自然中汲取成长需要的养分"。

人是自然之子，人们在与自然相处时会倍感亲切。不难发现，幼儿喜欢接触自然，幼儿可以不知不觉地在大自然中玩耍很长时间。幼儿主要是以直观思维为主，而大自然中事物的直接感知、形象可观等特点正好符合幼儿的这一身心发展特点。根据皮亚杰的认知发展理论，处于学前期幼儿具有泛灵论倾向，认为世间万物都是有生命的，幼儿喜欢与自然事物进行对话，在与自然事物接触时能得到放松。因此，自然主义教育倡导以自然为师，希望幼儿通过与自然的直接接触，感知大自然的无穷魅力，而不是通过书本被教育者灌输这些知识。

2. 教育必须顺应儿童天性

《心理学词典》对"天性"的解释是"有机体天生的或遗传的特性或特征"；《实用教育大词典》对"天性"的解释是"天然的品质或特性"；学者刘晓东认为"天性"是指人身上的自然性，是人的本能。

本节将"天性"理解为人身上的自然属性。幼儿的天性正如幼苗，虽然它需要阳光，但曝晒会使之枯萎，这就启示成人要顺应幼儿天性，成人要把幼儿看作幼儿。现在幼儿的生活不断受到成人的影响，幼儿没有自己的主体地位，幼儿的生存与发展的基本需要没有得到满足，幼儿被"无形的枷锁"束缚，成人还浑然不知。现在成人过分强调幼儿识字，过度培养幼儿进行才艺学习，这种做法不但没有顺应幼儿的天性，而且会引发一些问题。

自然主义教育思想家们主张教育必须顺应幼儿天性，他们常常将幼儿的教育与大自然中动植物生长的规律进行类比。

因此，教育要顺应幼儿的天性。顺应幼儿天性意味着教育者要给幼儿自由，给予幼儿充分接触自然的自由。当然，并不是说教育者要放任幼儿自由，而是要扮演好引导者、参与者和支持者的角色，引导幼儿积极主动地探索。

二、自然教育理念下幼儿心理特征分析

（一）认知分析

在环境心理学中，认知（Cognition）的原意是"getting to know"，是指人的认识和理解的过程。在自然环境中，幼儿通过多种感觉（视、听、嗅、动、触等）体验环境，不同感觉之间相互影响，而且它们之间的相互作用共同构建了认知的过程，如图 5-1 所示。

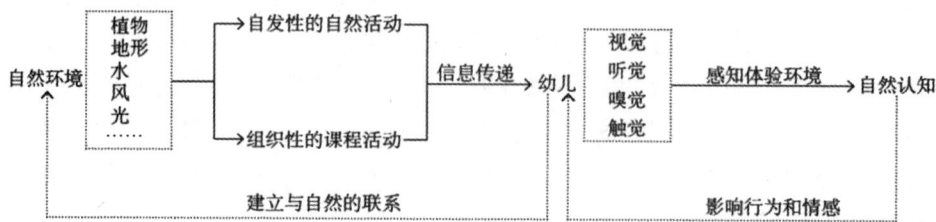

图5-1 幼儿园自然认知过程

对于幼儿认知水平的特点，皮亚杰认为，3～6岁幼儿开始出现了语言和行走能力，各种感知开始内化形成最早的空间意象，然而这种意象建立在直觉的基础上，即只有看到过的对象才能形成记忆并进行空间定位，而且只注意一维空间，这一时期的思维特点以具体形象思维为主。因此，在自然教育中，教师应引导幼儿通过感官直接感知、亲身体验来认知自然，从而带来最直接的记忆和环境意向，从而帮助幼儿与自然联系起来。下面依据幼儿体验自然的感觉分类，分析幼儿感知、体验自然的具体过程。

1. 观察自然

观察自然主要包括观察自然美景和观察自然细微。观察自然美景是自然艺术之美带来的视觉体验，可以陶冶人的性情。但当前最大的问题不是幼儿缺乏对自然美景的体验，而是缺少与自然元素的日常接触，而且由于幼儿天性好奇的心理特点，自然细微奇妙之处往往最能吸引他们参与进来。

（1）观察自然美景。自然呈现着多样的颜色和深浅变化的光影。在季节和气象的作用下，植物色彩和形态发生着变化，产生不同形态的美和新奇景象，而这些自然特征带来审美上的艺术感受。

（2）观察自然细微。幼儿有喜欢亲近自然的天性。自然环境所呈现的静谧美感和新奇，吸引幼儿慢慢走近，然后和周围及身边的景物开始接触。

自然细微之处丰富多彩，高大的树木和脚下的植物常常是最易接触的地方，如果俯身下来，可以发现草叶上滑动的露水和慢慢爬行的瓢虫，以及草丛下忙碌的蚂蚁，或者一只鸟突然从草丛里飞起。这些昆虫和鸟非常容易引起幼儿的兴趣，这对幼儿体验自然非常有帮助。昆虫学家罗伯特·派尔在给幼儿们教授昆虫的知识时，会先将一只活的蝴蝶放在他们的鼻子上，让蝴蝶成为教师。对蝴蝶来说，那儿好像是十分理想的可供休息的树枝或晒太阳的地方，昆虫们往往会停上一阵才会飞走。几乎所有人都会觉得这是一件有趣的事：轻微的痒痒、近在咫尺的各种颜色，蝴蝶还伸出触须来到处探寻。但除有趣以外，这里还包含了一种启蒙。当一个幼儿与自然有了亲密的接触以后，眼里闪现出的那些小小的感悟，总是让人感到惊讶。

2. 触摸自然

在接触自然的时候，幼儿们可以选择触摸或攀爬树干，捡起地上的落叶，趟进水流，抓起岸边的泥土，在石头上玩耍……这些天然材料有着不同的粗糙程度、纹理和色彩，各种质感传递着不同的触摸体验。例如，康奈尔（Joseph Cornell）记录了一个体验树木触感的游戏：每个幼儿闭上眼睛用手、脸去触碰树木、拥抱树木，当睁开眼睛去找刚刚摸过的那棵树，找到了"他的树"的刹那间，幼儿会充满惊喜，周围的树木也变成了充满个性、独特的树。一棵树能够成为幼儿们终生难忘的记忆。

3. 倾听自然

康奈尔说："一切美好的事物都来自宁静。我们来自自然，虽然回不到自然中去了，但是我们仍然需要时常回家去看看，去听听。"自然中会不断传来各种声音，幼儿们可以选择任何一种声音来倾听，草丛里的风声、落叶声、水流声等，而每个季节的声音又是不一样的，会发现虫鸣和鸟鸣的出现和消失是与树叶春天发芽、秋天掉落相伴的。从自然的静谧之中感受各种声音的奇异，可以培养幼儿对自然敏锐的感知力和热爱之情。

4. 品闻自然

自然环境中各种植物、泥土和水流等散发出来的气味，在天气和季节的调和下，会形成变化的气味。例如，在自然中，植物会结出各种各样的果实，在大人或大幼儿的引导下，幼儿会知道"灯笼果"可以吃并记住它奇异的味道，而楠树的果子不可以吃，但可以有趣地玩。园艺种植也是一种方式。在观察中，幼儿会主动地吃下自己亲手种植的蔬菜，而他们平时碰都不碰这些蔬菜，品闻自然会丰富幼儿对自然的感知，形成难忘的味觉记忆。

以上分析了幼儿从感官认知自然的主要方式及内容，但实际上自然带来的丰富体验是远超于想象的。自然本身多样的特性，随着时间进行着千变万化的演绎，形成各种新奇和动态的景象，带来复杂和多元的感官刺激，共同影响着幼儿们对自然的认知。因此，幼儿园在设计中应注重为幼儿提供容易接触自然的空间或场地，并注重植物、泥土等自然要素变化形态的设计，以鼓励幼儿建立与自然的联系。

（二）行为分析

行为（Behavior），是指有机体在各种内外部刺激影响下产生的活动，如幼儿看到美丽的花朵或小动物会走近，或接触或观察。3～6岁幼儿的行为能力非常有限，知识经验还非常缺乏，不能很好地控制自己。心理学上认为，游戏活动就是解决这一问题的主要活动形式。

依据心理学对幼儿游戏类型的划分，幼儿游戏活动的类型可分为交往能力游戏和认知能力游戏两种，二者在游戏内容上是互相联系的。本节将结合这两种游戏类型，分析幼儿在自然环境中的行为特征，为进一步研究景观设计提供依据。

1. 交往引发的自然游戏

依据幼儿的交往能力划分游戏类型，可分为观看行为、个人游戏、平行游戏和合作游戏四种，四者在交往能力上是逐渐递进的关系。随着幼儿经验及能力的不断上升，幼儿开始与家庭以外的人互动，特别是与同龄人互动，而这些初期的社交互动也是后期同伴关系发展的基础。

（1）观看行为。观看行为的特征是幼儿不与他人互动，不参与他人的玩耍，而是观察周围发生的事情，或者漫无目的地游览观看。自然环境中吸引人的景色，如一片丛林，或者有趣味的发现，如一只蜻蜓或一条溪流，都是其观看的对象。依据马库斯（G.Marcus）在《人性场所》中所描绘的幼儿交往行为的步骤，即"观看→参加→退避"，可以看出，观看行为是进入后面三种游戏的前提和准备。

（2）个人游戏。个人游戏的特征为独自玩耍，并且不会尝试与其他幼儿互动。当幼儿发现自己感兴趣的对象时，便开始独自接触和玩耍，如植物、水、泥土等物质要素均是其可以玩耍的对象，包括比较安静的动作行为，如采集植物、收集掉落的花瓣等，以及比较剧烈的动作行为，如在山坡上爬来爬去或搬运石块等。个人游戏也是吸引他人加入并进入平行游戏的前提。

（3）平行游戏。平行游戏的特征是幼儿们独立玩耍，但彼此非常接近，即使可能从事相同或类似的活动，但游戏并不是相互的，幼儿之间很少沟通。例如，在游戏中幼儿以小团体或小组的形式聚集在一起玩水、玩沙子，或者自由地追逐跑动、攀爬、滑动等体能类型活动，他们之间很少交流，各自关注自己的对象，并需要有一定的个人空间自由度。

（4）合作游戏。合作游戏的特征是幼儿彼此进行类似的活动，游戏是相互的，而且个人兴趣从属于游戏小组的目标。例如，幼儿们自发性地在草丛中玩藏匿游戏，或者在组织性自然课程中，幼儿学习集体模仿周围的不同树木和石头的游戏，或者一起进行园艺劳动。

幼儿在观看行为、个人游戏中常常表现出乖巧、顺从、平静、孤独的状态，而在平行游戏和合作游戏这类团体活动中，一旦他们建立了游戏关系，变为小伙伴时，则即刻表现出幼儿的活泼好动、互相追打嬉戏的真实天性，并进行频繁的语言交流。

可见，合作游戏是最具发展性的游戏形式。这种游戏行为为幼儿随后与同龄人的合作、语言交流和情感发展奠定了基础。

2. 认知引发的自然游戏

依据幼儿的认知能力来划分游戏类型，可分为机能游戏、建构游戏、想象游戏，三者在认知能力上是逐渐递进的关系。

（1）机能游戏

机能游戏开始于 0～2 岁幼儿，相当于初期的个人游戏，是指简单地、重复地活动自己的身体或反复地摆弄物体。这时的幼儿偏爱简单、自然的元素，注重自身在游戏中的参与性。机能游戏能教给幼儿通过动作与自然互动，通过手指接触叶子、花朵，发展幼儿的细微幅度动作，此后慢慢地与其他游戏活动相结合，以新的游戏形式出现。

（2）建构游戏

建构游戏开始于 3 岁幼儿，是指为了建成某些东西而对物体进行操作的游戏。在自然游戏中，常见的建构游戏主要有拼图和搭建两种形式。

①拼图。学习利用各种形状的树叶、果实、石子等进行拼图游戏，组成各种图案。

②搭建。学习利用树枝、叶子、泥、沙、雪等天然材料搭建自己想象的物体，如小山丘造型的堆砌、用泥巴捏出各种形状，而年龄大的幼儿可以在教师指导下建造树屋，或者利用灌木丛和草丛编织草房子。

在建构游戏中，一切活动都以丰富的想象和创造思维为基础。因此，建构游戏可以培养幼儿的想象力、创造力及动手操作能力。建构游戏本身也是幼儿"感受美→欣赏美→表现美"的过程，因此可以提高幼儿的艺术感受力和表现力。

（3）想象游戏

想象游戏开始于 2 岁左右的幼儿，幼儿表现出既与现实相似而又充满了戏剧色彩的游戏活动。想象游戏的根本特征是"替代性""假定性"。比如，幼儿假扮成飞鸟跑来跑去，或者把自己想象成一棵树，一动不动地站着。

研究表明，与以固定设备为基础的游乐场相比，幼儿在自然游戏空间中的想象游戏更长、更复杂、更多样化。在自然环境中，幼儿们往往以自然材料作为游戏道具。例如，自由自在漫步的幼儿们，会为自己寻找一个天然的庇护所，通过观察灌木丛的结构，判断它们是否可以被用作一个可以玩耍的堡垒——大的树木是高耸的城堡，适合攀登的枝干就是他们的"房间"。年龄大的幼儿还会用自然材料建造房子或避难点，进行"玩房子"或"海盗扮演"的想象游戏，如一个小平台可能代表着海盗船的驾驶室，而草地等开放空间可能是一场战斗空间。

可见，想象游戏，一方面能帮助幼儿练习和巩固先前获得的认知和技能，拓展多样化的游戏，提高游戏能力水平，促进幼儿行为能力的发展；另一方面能帮助幼儿练习各种社会角色，增加观察、表达和交流的机会，促进幼儿社会交往能力的发展。

3. 游戏类型与自然要素的关系

自然要素与游戏类型存在密切的联系。有研究表明，通过将植物、石块、沙和泥土等天然材料介入场地景观，发现新环境会为幼儿带来很大的重要改变。

（1）行为分布的变化。幼儿比之前更频繁地使用这些空间，并且持续时间更长，且有更多的孩子参与到场地中。

（2）游戏类型多样化。自然要素介入前，体能类型的游戏占主导地位；自然要素介入后，幼儿开始更多地和植物、泥土等自然元素接触，为其带来了大量的象征游戏和建造游戏等，这有利于幼儿想象力的发挥，促进了幼儿之间的社交活动。新的交往关系是基于幼儿对语言交流的掌握及对游戏的想象力，这使最具想象力和创造力的幼儿变成了游戏的主角。

（3）友好行为的增加。幼儿之间的友好行为增加，冲突行为减少。可见，植物可以促进友好行为的产生，这一点在 Herrington 的实验中同样得到了证明。另外，幼儿之间，以及幼儿与看护人员相联系的频率变得大大提高，这有利于幼儿社会交往和情感能力的发展。

综上所述，自然要素对幼儿各类活动的产生有着紧密关系。相比传统场地，活动场地结合自然要素可以更好地吸引幼儿们深入地参与，一方面可以拓展幼儿的想象游戏和建构游戏，有利于幼儿想象力、动手能力和社交能力的培养；另一方面可以增加中等甚至剧烈的体力活动（MVPA），有利于幼儿体能的培养。可见，自然要素对幼儿的身心健康发展有重要的影响。因此，幼儿园景观设计应结合自然要素与游戏活动之间的关系，同时应注意不同于自然环境，须注重设计的本土化、安全性和可操作性等方面。

（三）情感分析

情感（Feeling）在心理学上称为情绪（Emotion）的综合体验。情绪是一种独立心理过程，直接影响人的心理活动。例如，幼儿对流动的水会产生好奇并走近接触，看见鲜艳的花朵想立刻走近触碰，而对黑暗的地方会感到害怕。可见，情绪对认知和行为的发展起着推动或抑制作用。所以，结合幼儿的情感特点进行景观设计，有利于促进幼儿的情感特征发展。

分析自然环境如何影响幼儿的情感，应先了解幼儿的情感发展特征。幼儿的情感特点随着年龄的增长而变化。在 0～2 岁初期，幼儿的情绪理解能力初步发展，不善于控制和调节自己的情绪，情绪非常容易受周围人的感染和影响。在 3 岁以后，幼儿逐渐产生高级情感的发展，呈现以下三个特征。

（1）美感：表现在对具体的事物体验美感而带来的快乐感，如对色彩分明的物体产生愉快感。

（2）理智感：一方面表现在旺盛的求知欲上，幼儿会对周围环境产生浓厚的兴趣，喜欢探索；另一方面表现在明显的表现欲上，幼儿喜欢引起他人的关注，常常表现在体能性的游戏方面，如在爬树时力图爬得更高、更快，以此表现出敏捷和体能上的优势，赢得其他幼儿的羡慕和赞美，进而得到心理上的满足，是一种建立社交领导地位的方式。

（3）自我意识：幼儿通过认知体验来认识和评价自己，并认识自己和他人的关系。自我意识可以培养幼儿的道德感、自信心和独立性。例如，通过完成游戏合作，幼儿会认识自己在团体中的位置，并产生获得感和集体感。

依据柳沙对唐·诺曼（Don Norman）《设计心理学》中情感层次的研究，情感层次可分为三种：感官层面——直接感觉的情感；效能层面——使用带来的情感；理解层面——理解带来的情感。

通过以上分析，依据情感特征、情感层次，以及幼儿在自然体验中认知和行为特征，美感、理智感和自我意识与自然环境的关系为：美感源于对环境中形式、色彩和质感综合作用的感知；理智感源于游戏带来的丰富自然体验；自我意识源于感悟形成场地情感和意义。三者所对应的自然教育方式和环境特点，如表5-1所示。表中对应的环境特点是设计研究所注重的内容。

表5-1　幼儿对环境的情感层次

情感特征	自然教育方式	对应的环境特点
美感	自然感知	形式、色彩、质感
理智感	自然游戏	丰富的自然体验
自我意识	自然感悟	场地情感和意义

通过以上幼儿情感特征及其所对应的环境特点的分析，结合自然感知、自然游戏和自然感悟三个自然教育方式，来展开幼儿情感特征与自然环境关系的研究。

1. 美感与自然感知

自然对美感的影响源于对环境中形式、色彩和质感综合作用的感知。幼儿偏好于看新奇、复杂的物体，而自然环境及其各要素所呈现的复杂多元的形态特征，如树林里的鸟、叶子上的露珠、粗糙的树皮、斑斓的花朵、起伏的山丘和道路这些自然景观共同作用了幼儿的美感形成。

对于景观设计研究，美感的感知表现在两个方面：一是细微之处，如植物带来的感官体验；二是景观环境带来的感官体验，它将影响幼儿参与户外活动的积极性。因此，景观设计不仅在植物等要素设计上体现美感，更要在整体空间上通过形式、色彩和质感的综合利用，结合场地功能特征，塑造符合幼儿美感需求的活动空间。

2. 理智感与自然游戏

自然对理智感的影响源于游戏带来的丰富自然体验。理智感表现在"表现欲"和"求知欲"两方面，因此设计须注重各种游戏的挑战难度，以及为游戏探索提供吸引人的场地和材料，以满足幼儿理智感的发展需求。由于自然游戏已经在"行为分析"中论述过，这里对游戏行为内容不再赘述，这也说明了情感与行为的互动关系。

3. 自我意识与自然感悟

自然对自我意识的影响源于感悟形成的场地情感和意义。这个形成过程，实质上是幼儿建立与自然的关系、与他人的关系及自我认知的过程，从而达到热爱自然、培养人格的教育目的。

（1）建立与自然的联系。由于幼儿的情绪非常容易受周围环境的感染和影响，自然带来的感官体验将幼儿们内心深藏的情感世界与外界联系起来。幼儿通过对动植物和景象的认知，感受其中的艺术美感和惊奇感受，启发幼儿的灵性，培养他们跟自然亲近的情感。

理查德·洛夫在一个绘画实验中发现，一个生活在森林环境中的小孩在画面中所呈现的自己是很小的一个人，大面积是天空和自然，因为他认识到自己只是自然的一分子，他的认知体现出自己对自然的尊重。教育家 Linda McGurk 记录了一次自己的幼儿与自然交朋友的过程：小朋友生气哭泣，不肯听家人解释，最后自己一个人在树林里交了一个"树朋友"，心情开始慢慢好起来。因此，建立与自然的联系有助于幼儿身心成长，让幼儿可以更加清楚地认识自己。

（2）建立与他人的联系。在自然游戏中，多样的游戏类型能够鼓励幼儿与他人进行交流，培养幼儿对交际能力的自信。一项对户外活动地点的研究表明，居住在户外活动场地较近的幼儿所结交的朋友，要比远离户外活动场地的幼儿多一倍。而且，幼儿在户外玩耍的时间越多，所交到朋友就会越多。一个不可否认的事实是，最深刻的友谊源于共同的经历，特别是在一个可以让所有感官都活跃起来的自然游戏场地，如一次难忘的种植和采摘过程，一起在草地上完成一次合作游戏。

（3）自我认知。自我认知是对自己内心的认识和理解，是人类特有的反映形式。幼儿们通过观察、发现、行动，与周围环境互动，从而激发了自身潜能并重新建立与自然的联系。这契合了幼儿心理上本能的求知欲和探索欲，促进了其参与活动的专注力，发展了其对自然环境的操作能力和社交能力，以及想象力和创造力等心理技能，培养了幼儿的自信。这些自然感知体验过程，让幼儿开始认识自己、理解自己，以及重新认识自己在社会环境中的位置。这样的自我认知可以帮助幼儿进行自我调节和完善人格的发展，这对幼儿的身心健康问题有重要的调节作用。

通过以上对自然环境与幼儿情感关系的分析得出，自然环境对幼儿的美感、理智感和自我意识三个情感特征的发展有着深刻的影响。在美感方面，幼儿园设计应结合形成美感的三个重要因素——形式、色彩和质感，来塑造符合幼儿美感需求的空间环境；在理智感方面，幼儿园设计应注重各种游戏的挑战难度，以及为游戏探索提供吸引人的场地和材料；而通过对自我意识的分析，则从情感的角度，再次论证了自然环境对幼儿身心发展的重要性。

三、自然元素与儿童游戏场地的关联作用

在自然环境中，幼儿的游戏材料大多可就地取材，如叶子、种子或棍棒都可以用作游戏道具，幼儿们还可以利用天然的地势和树木进行体育活动。现代的人工专门化游戏设施，由于功能和玩法的固定，往往限制了幼儿的游戏主题与情节，而操作性强、发挥空间大的天然游戏素材为幼儿们的想象力提供更为广阔的空间。

研究表明，将自然主义思想运用到幼儿园环境的创设中，可以发挥幼儿园自身具有的独特价值，可以顺应幼儿天性，并有助于为幼儿提供学习与发展的资源，具有教育指导意义。

（一）幼儿园环境应该具有丰富的自然要素

自然主义教育思想家提倡"教育必须以自然为师"，因此，启示我们要将"自然"引进幼儿园环境创设当中。与此同时，自然要素引进幼儿园环境的形式要多样化，不仅仅是栽几棵树、种几朵花这么简单。要想让幼儿园环境创设具有丰富的自然要素，就必须在幼儿园的自然形式上和各种材料的选择上进行考虑，以达到自然形式的多样化和材料选择的天然化。

在自然形式上，园内可以种植各种花期不同的植物。这样，幼儿园一年四季都不会缺少绿色。当然，幼儿园只栽一些花草树木是不够的，还可以设置种植园，种植一些适宜本地生长的水果、蔬菜等；还可以让小动物为幼儿园增添生命力，如专门设置动物区养一些较温顺的小动物，或者利用花朵吸引一些蝴蝶，让园内生机盎然；还可以依据幼儿园的占地面积规划绿地的面积，或利用场地的高差模仿多种自然界的景象。比如，在幼儿园的较高处顺势建一条流水槽，引水而下，溪床可以铺设碎石及卵石。这样，夏天幼儿既可以在这里玩水，又可以捕虫、看花；冬天或初春无水时，小溪的卵石河床会显露出来，幼儿可以在里面进行很多活动。

在材料选择上，园内可以广泛运用天然的材料。天然材料不但向幼儿展示了独特的生命力，而且能够给幼儿带来不同的感官刺激，有助于提高幼儿的想象力和创造力。在室外环境中，沙地、游戏器材区、游戏场地和景观小品区都能使用天然材料。例如，在沙地的设计上，幼儿园不单单是在坑里填满沙子供幼儿玩耍，还可以为幼儿提供一些新的玩法——可以在沙坑里横放几个天然

的枯木，利用地势高差，沙坑上空还可放置一条供幼儿爬行的网子，刺激幼儿去勇敢探险；在游戏器材的设计上，幼儿园可以多采用圆木梯段，用木板做滑梯；在游戏场地的边界处理上，幼儿园可以多采用圆木桩、灌木丛和大石块等天然材料对场地进行划分；在景观小品的选择上，幼儿园可以采用天然的物件。在室内环境中，幼儿园也可以大量运用天然的材料，无论是地板、桌椅、娃娃家，还是玩具柜上摆放的玩具，都可以取自天然材质。

（二）幼儿园的自然环境能促进儿童健康发展

自然要素不但能促进生态平衡，而且有益人类健康。生态平衡是指在地球不断发展进化的几十亿年间，各种生物群落和它们所处的地理环境不断地相互作用，从而逐渐形成的功能系统。各种自然要素之间的相互作用，对生态平衡起到了不可替代的功能作用，同时对人类健康有益。以树木为例，树木为人类生活的区域蓄养水分、调节空气、阻挡风沙，从空气中吸收二氧化碳，排出氧气，而氧气是人们生存和发展的必要条件。因此，幼儿园环境中如果具有丰富的自然要素，就可以促进幼儿的健康发展，包括幼儿身体的健康和幼儿心理的健康两个方面。

幼儿园的自然环境能促进幼儿身体健康发展。幼儿的 3～6 岁年龄段是其生长发育的旺盛时期，但其各个系统、各个器官发育得不够完善，组织结构的物质基础也是很薄弱的。自然环境能够为幼儿提供新鲜的空气、明媚的阳光。幼儿在自然中可以呼吸新鲜的空气和沐浴充足的阳光，自然要素为幼儿提供了基本的生存和生活保障。大自然中植物丰富多样，满眼的绿色也能带给幼儿视觉上的享受，有助于保护幼儿视力。另外，在自然环境中，幼儿会尽情地跑、跳、爬、钻、攀，在运动过程中增强自己肌肉群的力量，使神经系统更加灵活，身体的平衡能力和协调能力也得到有效提高。在自然条件下，温度是复杂多变的，而适当地让幼儿感受气温的变化，有助于增强幼儿的抵抗力。如果幼儿园设置了种植区或动物区，那么教师就能教给幼儿栽种植物和照看动物的简单方法。这不仅能使幼儿看到他们的劳动成果，还能够使他们在劳动中发展肌肉和加强神经系统的锻炼。总之，幼儿在大自然里玩耍和劳动，有利于他们的身体发育和身体健康。

幼儿的自然环境能够促进幼儿心理的健康发展。幼儿在自然条件丰富的环境中，能够沐浴和煦的阳光、呼吸新鲜的空气、看到满眼的绿色、闻到沁人心脾的花香，自然会感到很舒适惬意、轻松愉悦。自然中的一切都是那么的美，对于自然的美，即使是最幼小的幼儿也不会漠不关心。幼儿会通过自己的方式去欣赏身边美好的事物，如树木摇曳的身姿和悦耳的歌声，树叶的形状和色调，花朵的色彩斑斓和沁人芬芳等，幼儿能够在心情愉悦的情况下积极探索世界的奥秘。因此，幼儿在自然环境中能够感到自由、轻松和快乐。相反，幼儿在缺乏自然要素的环境下会感到拘束、压抑和苦闷。目前，很多幼儿园园外都是现代化建筑，园外车辆拥挤，园内地面铺的都是厚厚的塑胶，插的是塑料做的花草，建的是塑料游戏器材，摆的是塑料玩具。无论是幼儿园园外，还是幼儿园园内，都缺乏自然元素。"人作为自然的一部分，是具有自然的本性的，教育要回归自然，顺应人的天性。"幼儿天性爱在阳光下奔跑，但有些幼儿园教师为了节约时间尽快完成教学任务，把幼儿限制在教室里；幼儿天性爱沙土、泥石，但有些幼儿园管理者为了卫生、安全，不让幼儿玩沙土、泥石；幼儿天性爱花草树木，但有些幼儿园为了规避危险，将设置花草树木的场地全部铺设成橡胶跑道；幼儿天性喜欢各种小动物，但有些幼儿园为了减少饲养和健康检查的麻烦，不让幼儿接触动物。幼儿在缺乏自然的环境中必然会压抑自己的天性，产生精神压力大、心理负担重等问题，甚至会引发幼儿心理疾病，后果不堪设想。

（三）幼儿园环境中充满着儿童学习的资源

首先，幼儿园环境中的自然要素本身就是幼儿学习的内容。环境中花草树木的颜色香味、沙水土石的软硬质地、动物的种类形态等，都是幼儿学习与发展的内容。幼儿除了可以学习上述这些静态的知识，还可以学习动态的知识，如天气的变化等；还可以听到青草的簌簌声、枯叶的沙沙声、踩雪的吱吱声、小溪的潺潺声、小鸟的歌唱声；还可以观察植物的生长过程，初步了解植物生长需要的条件，学习植物需要光合作用等一系列知识。

其次，幼儿园环境中充满的自然要素能够激发幼儿的好奇心和学习兴趣。幼儿很容易受到新奇、刺激事物的吸引，喜欢活动变化的事物，毕竟学前阶段的幼儿仍然是以无意注意为主的。自然环境中的事既新颖又灵动，一切自然现象都足以引起幼儿的注意，从而激发幼儿的好奇心和学习兴趣。巴甫洛夫认为，求知欲的基础是尝试反射和探索反射，学前幼儿的这些反射十分明显地表现为他们无休止地问成人：这是什么？怎么样？为什么？成人在满足幼儿求知欲的同时，必须尽可能地指引他们自己解决各种问题，使他们对自然的兴趣更加稳定。近年来的研究材料表明，大班的幼儿已经会发现植物和动物的重要特征，能搞清楚动植物一些器官的构造同生活条件之间的联系，由于他们获得了这样的技能，其求知欲的发展也就提高了。因此，在幼儿园环境中向幼儿展示丰富多彩、生动形象的认识内容——自然资源,可以大大激发幼儿的好奇心、探索欲和学习兴趣。

最后,幼儿园环境中的自然要素可以增加幼儿与环境的相互作用。一方面,幼儿园环境中的自然要素能够吸引幼儿主动参与环境创设。比如,幼儿喜欢园内的落叶,就会捡起来将其带到教室,放在桌子上或是贴在墙上,自己每天还会看一眼并自豪地向其他小朋友介绍这是自己的杰作。这就是幼儿主动参与幼儿园环境创设的过程。另一方面,幼儿园环境中的自然要素能够吸引幼儿自由地与环境互动。幼儿们生来就喜爱花草树木、虫鱼鸟兽,并且愿意通过眼睛看、鼻子闻、手触摸、脚踩踏等方式去广泛地接触自然,探索自然的奥秘。幼儿思维具有直观形象性,他们是通过感官获得知识的,而自然要素的特点就是直观、形象。正是因为这一点,幼儿才喜欢接触自然事物,才能在与自然事物的相处中产生共鸣。另外,幼儿身心发展水平还不成熟,缺乏经验。幼儿仅依靠视觉是无法全面感知事物的,还要通过其他各种方式,如手摸、鼻子闻、舌头尝等,来认识实物的颜色、形状和气味。因此,我们应充分重视让幼儿用多种感官参与环境的互动,帮助幼儿充分感知自然事物,促进幼儿的学习与发展。自然主义教育思想提倡幼儿园充分利用自然环境,充分利用幼儿运用多种感官参与环境互动。幼儿园教师要经常带领幼儿到自然中进行游戏和学习,为幼儿提供学习与发展的资源,提供探索周围事物的机会。幼儿园教师开展教育教学活动的形式可以多种多样,如开展让幼儿以小组的形式去户外进行探险活动和田野旅行学习活动等,教师不得干涉。对于幼儿提出的疑问,教师都应给予积极回应,支持幼儿爱问问题、探索自然的行为。

综上所述,自然主义教育思想提倡的"教育必须以自然为师""教育必须顺应幼儿天性",给幼儿园环境创设带来了新思路。这就启示我们要将自然主义教育思想运用到幼儿园环境创设中。幼儿园环境应该具有丰富的自然要素,为幼儿的健康发展保驾护航,为幼儿的学习与发展提供资源。

四、自然教育背景下幼儿园户外游戏场地的发展

（一）自然化幼儿园户外游戏场地的意义与现代趋势

据调查,目前中国幼儿游戏场地的存在形式主要分为三种:大型游乐场或公园游戏场、幼儿园或学校游戏场地、街区或居住区公共空间的游戏场地。相比较而言,幼儿园、学校所提供的游戏场地是所有游戏场地中使用率最高

的。但是，城市化的快速发展使社会开始更为重视幼儿的安全与身心健康，作为承载幼儿童年、引导幼儿接触自然的重要媒介——幼儿园户外游戏场地，逐渐模式化。幼儿游戏场地与自然的隔离不但影响幼儿人格塑造与知识的正常获取，甚至导致幼儿环境伦理的丧失。随着幼儿"自然缺失症"现象的肆虐传播，近年来，越来越多的研究者开始重新倡导"自然教育"。基于此，许多风景园林设计师们也致力于创建自然化幼儿园户外游戏场地，力求从小培育幼儿的环境伦理观，从而获得身心的健康。如今，生态性与自然性已成为一种设计趋势。

（二）国外自然式幼儿园户外游戏场地相关案例

西方很多国家已尝试建立"森林学校""森林幼儿园"等场所。许多国外风景园林设计师在幼儿户外游戏场地的设计中逐渐摒弃常规的标准化与制式化的"麦当劳"范例，转而开始探索更生气勃勃、更多样化的自然式游戏场地设计。

以东京 Ryuji Inoue 自然幼儿园为例。该幼儿园建于"Satoyama"（里山）中，设计师在设计幼儿园户外游戏场地时，保留了周边原始景观，通过场地的空间变化使幼儿们在玩耍的过程中直观地感受到自然的变化规律，帮助幼儿对世界、对自然、对社会关系进行认知探索。该幼儿园户外场地中设置了树木、草坪、各种植物，以及不同手工制作的木质操场设备，为幼儿们营造了一个自由的探索空间，增强了幼儿与自然的联系，让幼儿在这里不仅能学习知识，还能认识世界、塑造自我。一花一木、一草一叶，这些小小的自然景观悄悄地随着幼儿们成长，提升幼儿们的能力，为他们的未来打下良好的基础。

巴厘岛的 Green School 不同于那些用钢筋水泥建造起来的教室，竹子成为房屋主要的构建材料，房屋的顶部覆盖稻草，建筑形态与周边连绵的山体交相呼应，教室形象"别具一格"，让幼儿们在这里可以通过各种各样的劳作与DIY 建设，体验山河湖泊的生态环境。

种种优秀案例表明，在构建幼儿园户外游戏场地设计方案过程中，设计师往往可以通过加减一些设计要素来满足幼儿的自然诉求。

五、面向大自然的幼儿园户外游戏环境创设对策

（一）从规划层面构建"自然式"幼儿园户外游戏场地

1.因地制宜的场地设计，划分儿童自然感知空间

日本著名幼儿研究家仙田满先生采用幼儿户外活动环境与活动行为方式相结合的方法，将幼儿游戏空间分为六个：自然游戏空间、开放游戏空间、冒险游戏空间、隐匿游戏空间、游戏设施空间和街道游戏空间。当然，以上只是幼儿园户外游戏场地空间划分的一种方式，但是通过一个科学的空间划分不仅可以使幼儿园户外场地使用更为合理，也能为幼儿提供一个更具逻辑性、更为舒适的游戏环境。

2.利用自然元素联系自然教育和自然游戏

根据幼儿的身高、年龄等细节条件规划不同的空间大小及尺度，通过自然式景观元素组织游戏空间，实现自然教育和自然体验游戏难易程度的分级。例如，设计师可以用灌木、栅栏、台阶分割活动场地，或者利用植物造景营造若干封闭、半封闭、半开放、开放的空间，为幼儿提供不同的游戏感受。

在"自然式"幼儿游戏场地的塑造上，不仅可以运用植物、流水、石子等景观元素，也可利用复合式或是人工设施，通过摆置方式与位置的不同营造环境，从而创造教学与游戏相结合的幼儿户外游戏场地。

3.尊重儿童对游戏场地设计的基本诉求

在场地设计方面，"人"是最基本的设计要求。尊重幼儿的游戏诉求，不仅能让幼儿获得丰富多元的游戏体验，还能让幼儿在集体游戏中获得自然知识，提高幼儿的关注力和动手能力。幼儿具有向往明亮、抽象的天性，在小品配置时采用颜色明快的铺地，放置形状乖张的叶片状座椅，引起幼儿高度关注；为幼儿制作具有互动性的小品设施，让幼儿发挥自己的能动性；设置供幼儿探索的狭小空间、充满想象力的景观小品，为他们的角色扮演游戏提供道具等。尊重幼儿对游戏场地设计的基本诉求，不仅能给幼儿创造一个愉快的童年游戏环境，还能维系幼儿的天性，酝酿幼儿的内心情感。

（二）从设计层面构建"自然式"幼儿园户外游戏场地

1. 地形处理

通过不同的地形景观创造多种幼儿娱乐的空间，在激发幼儿游乐天性的同时，增加幼儿对于自然的接触。各式地形往往能够满足幼儿不同的心理、生理需求。

（1）平地。平地常常适用于"小团体"形式进行的游戏活动。此类空间在形态设计时，可以用更具艺术感的几何形状代替传统的方形、圆形；同时，在铺装上可以采用自然原生态材料，如碎石子、细白沙等，从而增加幼儿与自然的亲密程度。场地也可根据幼儿活动类型划分一些特殊的活动场地，如种植地、沙地、草地等。

（2）台地。台地是幼儿活动停留点较多的地方。幼儿喜欢通过登高进行认知与探索活动，因而在设计上首先要保证安全性，如支撑材料是否满足承重要求，落差超过安全高度必须设置扶手栏杆等。在台地与台地的过渡空间增加一些趣味性要素，如滑梯、拉绳等。

（3）土丘。富有变化的土丘作为幼儿的活动空间能为其提供更加丰富多变的地形条件。起伏的地形有利于激发幼儿的冒险精神与好奇心，促使他们更为积极地探索自然、接触自然。站在土丘的最高点能俯视整个场地，让他们可以从"上帝的视角"认识周边的自然环境。另外，土丘也是天然的自然分隔带，可分割幼儿的不同区域，并以"自然元素"的身份联系不同类型的自然空间。土丘为创造幼儿喜爱的洞穴空间提供了条件，并加强了幼儿的互动能力与协调能力。

2. 水环境处理

幼儿具有亲水的天性。动态水水质更为清洁、更具活力，对于幼儿也更具吸引力。在安全的前提下，幼儿园可以在园内进行人造水体的建设，并在浅水区组织一些适合幼儿的集体游戏，如打水仗、观察水中小鱼等。若园内拥有天然湖泊，幼儿园则能通过组织幼儿观察、绘画、教师介绍等方式进行水生动植物的认知。如果幼儿园场地因为河床落差而产生瀑布，那么设计时可以在瀑布下方设置安全的、适合幼儿们停留的观景台，鼓励他们近距离感知瀑布的魅力，感受到自然的力量。

3.植物景观处理

苏霍姆林斯基详细阐述过可以运用丰富的景观植物，如树形、花色、叶色、习性等吸引幼儿感受和认知自然。花草树木的清香、泥土中微生物的味道、岩石凹凸不平的触感，这些自然元素通过质感、色相和气味上的变化给幼儿以感觉上的刺激。设计师可以将这些元素进行恰当的配置，为幼儿提供一种尝试性和创造性的活动空间。另外，设计师还可以精心调试不同自然景观的位置引导幼儿观察、触摸、嗅闻、品尝特定植物，满足幼儿难以实现的自然需求。高大的树木与树桩、石头、网、木构架等攀爬设施不失为一个好的组合，两者的结合可以为幼儿创造具有挑战感与刺激感的游戏空间。另外，植物的季相和生长变化也是一个非常好的设计切入点。设计师可以结合这种动态的过程周期性地局部增减游戏设施，如此一来整个场地都会处于一种"动态"的过程，并且能长久保持对幼儿的吸引力等。

4.道路系统设计

在尊重基本道路设计原则的情况下，在进行幼儿园的户外游步道设计时首先应考虑游戏空间功能布局，利用道路将场地中各功能区衔接，同时应注意突出场地主题。而原始的景观材料往往能使幼儿们进一步亲近自然，道路铺装材料应尽量选取自然材料，如碎石、木板、绿草等。

5.景观小品设计

景观小品在幼儿认知自然的活动中，不仅可以提高幼儿游戏的概率，还能对培养幼儿好奇心、动手能力、思维能力起到积极作用。在进行景观小品的设计时，设计师首先应考虑场地的自然属性，其次设计要基于幼儿的身心需求，最后应确定小品的设置是有意义的，是可以为幼儿的游戏开展增加趣味的。景观小品设计具体可以概括为以下几种。

（1）造型活泼。构筑物的造型要具有生活性与艺术感，简单来说，就是幼儿通过构筑物造型可以产生自我联想。设计师在设计时，可以选择一些幼儿较为常见的物体造型，如小猫、小狗、小昆虫、花花草草等，这些生动活泼的构筑物既能点缀场地，有时也可以成为场地内部标识体系的一部分，如花朵状的告示牌、叶子状的指向标等。

（2）就地取材。设计师在进行构筑物材料选择时，应尽量选用当地自然环境中常见的石头、木头、竹子等可以改变造型且安全无害的材料。这些自然材料作为场地要素，既可以满足其功能性，又可以增加场地趣味性与特色，同时在幼儿日常游戏中可作为素材加入。

（3）注重人性化设计。设计师在进行景观小品设计时，应以幼儿的人体工程学与设计规范为基础，同时考虑到幼儿的安全问题，可以采用"无棱角设计"及采用安全涂料等措施，针对幼儿对于色彩的敏感与好奇，也可以进行一定的色彩搭配。

第三节　基于游戏灵活与可变的幼儿园户外环境创设

学前教育的主导活动是游戏。幼儿的心理、生理的发展是在游戏活动中进行的。灵活可变的游戏能够给幼儿更多的趣味性，激发幼儿学习的兴趣，符合幼儿心理发展的特点与需求。基于此，创设具有趣味性的幼儿园户外环境非常必要，能够为幼儿带来多种游戏的选择性。

一、游戏灵活可变下幼儿园环境创设的心理学支点

（一）幼儿认知的发展与趣味性

1. 认知

人的认知是最基本的、最重要的心理活动。我们通常将认知分成感知觉、记忆、思维等具体过程。

（1）感知觉。感知觉是感觉和知觉的总称。幼儿时期的感知觉主要有视（知）觉、听（知）觉、触（知）觉，以及空间知觉和时间知觉等。其中，感觉是人脑对直接作用于感觉器官的客观事物个别属性的反应，如形状、颜色、温度、味道、软硬等；知觉是人脑对直接作用于多种感官的事物属性的整体反映。感知觉是人类认识世界的起始环节，是人类一切心理活动的基础。

①颜色视觉。颜色视觉是指区分颜色差别的能力。幼儿颜色视觉的发展是与幼儿园生活紧密相关的，幼儿园建筑要尽力提供有利于幼儿视觉开发的色彩环境。幼儿的视知觉发展不完善，对不同灰度的色彩不易分辨。因此，建筑设计中鲜明的色彩有利于发展幼儿的想象力，营造幼儿园的愉悦氛围。

②空间知觉。空间知觉是指对距离（深度）、形状、大小等的辨别。空间

知觉最初产生于婴儿的后期，并在随后逐步发展。幼儿的空间知觉有很大的局限性，如感到亲近的高度仅有 1.2 m 左右，对物体形状的感知趋于简化等。

③软硬知觉。在 5 岁之前，幼儿对环境的理解建立在触摸形成的影像上，通过幼儿频繁的触摸锻炼、手眼脑的协调工作，建立起立体的空间形象。因此幼儿园环境的可触摸性及触摸环境的软硬丰富性十分重要，通过触摸体验认知空间有助于发展幼儿的感知能力。

（2）记忆。记忆是人脑提取信息和保持信息的心理条件。记忆的过程是通过反复的认识将某种事物输入头脑，而后在头脑保持事物印象。记忆是知识经验积累的必要条件，学习者只有依靠记忆才能将学习所获得的大量知识经验加以保存。

（3）思维。在心理学中，思维是指对客观事物的概括和间接的反应，通过思维可以透过现象抓住事物的本质，掌握事物间的规律性联系。幼儿思维能力的培养是幼儿早期教育和早期智力开发的核心。思维包括直觉行动思维、具体形象思维和抽象逻辑思维三个过程。对于 3～6 岁的幼儿，具象思维占主导作用，抽象逻辑思维从学前初期开始，学前末期比较明显。因此在幼儿园的教学过程中，具象思维和抽象思维需要一起培养，通过游戏和活动锻炼幼儿的思维能力。

2. 认知与趣味性

在发展幼儿认知能力的过程中，需要幼儿用各种感官去接触事物，并对它们进行直接的感知才能认识。比如，幼儿把木块和铁钉同时放进水里，看到木块浮在水面，而铁钉沉到水底，懂得了物体沉浮和密度的关系。在幼儿园环境中，幼儿会被那些新鲜、好玩的事物，或是强烈、多变化的东西吸引，趣味性的环境让幼儿在感知外界的同时提高了记忆的积极性。趣味性环境使幼儿由被动式的学习转化为主动式的学习，使幼儿积极主动地认知自我和环境，同时锻炼了幼儿的想象力和思维能力。

（二）幼儿情绪的发展与趣味性

1. 情绪

人在认识客观现实中的种种对象和现象时，常常会伴随着不同的态度，如喜爱、愉快、兴奋、愤怒、恐惧等，而这些表现就是情感。对于幼儿而言，高尚的情感可以推动其高尚的行为。一个有爱心的幼儿，可以为了别的小朋友的快乐，把心爱的书让给别人；粗暴、缺乏同情心的幼儿则喜欢独占，发生了争执则又打又闹。幼儿的情绪轻松愉悦时，思维最活跃，想象力最丰富，所以要培养幼儿良好的感知能力、注意力和思维能力，教师就要先考虑培养幼儿积极、愉悦的情感。

幼儿感情特别容易受到外界的影响，也非常容易冲动，在日常生活中他们经常因为一些小事而使情绪处于激动状态。当情绪激动时，幼儿不能完全控制自己，甚至完全听不见成人对他们说话，短时间不能平静。

针对幼儿的情感特点，在幼儿园的教学工作中，教师要组织好幼儿的生活活动，一方面开展灵活多变的游戏，使幼儿的生活丰富多样，避免单调生活引起幼儿的消极情绪；另一方面对幼儿提出一定的规则要求，锻炼幼儿的自制力，从而提高幼儿的道德认识。幼儿有了一定的是非观念和自制力以后，面对情感冲动就可以理性地控制，避免或减少情绪冲动的发生。

2. 情绪与趣味性

情绪情感在幼儿心理活动中非常重要，而且幼儿年龄越小，这种影响就越直接。幼儿的行为充满着情绪色彩，容易激动，注意力不能集中，感知也不够仔细，情绪起伏比较大。在幼儿园的设计中，游戏环境影响了幼儿的情绪，因此合理、科学地运用趣味性的游戏环境来调节幼儿园的活动氛围，塑造幼儿积极愉悦的情绪，加强幼儿的自我调控，对幼儿今后的心理发展和个性的形成起着重要的作用。

（三）幼儿个性的发展与趣味性

1. 个性

幼儿心理的发展到达一定的成熟阶段后，就形成一种整体稳定并有一定特点的精神面貌，这就是幼儿个性的形成。所谓个性，是指一个人比较稳定的、具有一定倾向性的各种心理特点或品质的独特组合。个性作为一个心理特征系统，包含个性倾向系统、自我意识系统和个性心理特征系统三个方面。

（1）个性倾向系统。个性倾向性系统包括志向、需要、动机、兴趣、世界观等要素，是推动个性发展的动力因素，决定着一个人的活动倾向性和积极性。个性倾向集中地体现了个性的社会实质，是构成个性的核心。

（2）自我意识系统。自我意识是人对自身状态以及同世界关系的意识。自我意识系统是人对社会生活的反作用，是人的心理能动性的体现。幼儿自我意识的发展过程包括三个阶段，首先是对自己身体的认识；其次是对自己行为的认识；最后是对自己心理活动的意识。

（3）个性心理特征系统。个性心理特征系统包括气质、性格、能力等心理成分。在人的发展过程中，幼儿期表现有最初的性格特征，个性是在一定的家庭生活、社会生活环境中，受教育影响并且通过生活实践逐渐形成的。所谓"三岁看大，七岁看老"，所以在幼儿阶段对一个人独特个性的形成非常重要。

2. 个性与趣味性

正常幼儿出生时都具有人所共有的生理特征，然而现实生活中没有心理发展水平和表现完全一样的幼儿，每个幼儿的智力、兴趣、性格都千差万别。对于学前幼儿来说，个性尚未真正形成，这是调整和培养幼儿优秀性格的关键阶段，而在幼儿园空间环境的设计中，需要考虑幼儿的个异性，增加多元化、趣味性、灵活可变的空间环境。趣味性的空间设计给予幼儿更多选择的权利，从而在每种气质的基础上，激发幼儿个性中的潜力，完善幼儿的心理认知，更好地发展每位幼儿的闪光点。

（四）幼儿社会化的发展与趣味性

1. 社会化

在幼儿的成长过程中，他们不可避免地要与其他人往来和相处，这在心理学上被称为社会交往。成功的社会交往必须掌握必要的行为方式和社会规范，完善自我，顺应社会的变化，这就需要幼儿经历社会化的过程。所谓幼儿的社会化，是指幼儿在一定的社会条件下逐渐学习掌握社会规范、处理人际关系，从而适应社会生活的过程。社会化是在各种社会活动及其关系中进行的。社会化对于幼儿来说，主要涉及语言发展、依恋关系、同伴关系、亲社会行为等方面。

（1）语言发展。语言和表达能力是幼儿社会化的基础和开端。幼儿园阶段属于幼儿积极的语言发展阶段，词汇的数量随着年龄的增加而增加，词类范围逐渐扩大，词义逐渐丰富和加深。因此，这一阶段是积极发展幼儿的社会交往表达能力的最有效时期。

（2）依恋关系。幼儿与成人的关系主要是依恋关系。依恋可以帮助幼儿认识世界，提高认知能力，稳定情绪，促进心理健康，同时具有规范幼儿行为、发展教育能力的积极作用。在幼儿园，幼儿的依恋关系主要表现在与幼儿教师的关系和一些亲子空间的活动中。

（3）同伴关系。幼儿社会化的另一个重要方面是同伴关系的建立。同伴关系是幼儿与同龄幼儿建立和发展的一种人际关系。同伴关系有利于幼儿社交技能的学习，有助于同伴之间的相互社会化，有助于促进幼儿认知能力的发展。在幼儿园的学习中，幼儿通过游戏、合作、接纳和表达逐步培养积极的同伴关系。

（4）亲社会行为。幼儿的亲社会行为指的是对他人有益或者是对社会有积极影响的行为，如分享、合作、助人、安慰等，是幼儿由单一个体到多元社会的认知行为。在幼儿园中，通过趣味性的游戏活动，建立幼儿与集体社会的关系，帮助幼儿认知个人与集体的关系。

2. 社会化与趣味性

从以上看来，幼儿的社会化是其成长的重要组成部分，健康的社会交往是幼儿良好性格塑造的必要条件。幼儿园的学习活动在幼儿的成长中占有很大的比重，于是我们需要通过幼儿园空间环境的合理设计，满足并创造幼儿的交往空间、社会发展空间，运用趣味性的设计手法和设计元素激活原有的乏味单一的空间，构建活泼多元的社会交往平台，帮助幼儿从个体家庭过渡到幼儿园的小社会，由"自然人"发展成"社会人"。

二、趣味性幼儿园户外环境创设要素

（一）探究

幼儿具有旺盛的求知欲，想要通过自己的感触探究世界所有的事物，因此在幼儿园户外空间趣味性设计的过程中，应该符合幼儿求知的特点，设计能够吸引幼儿探索的设施和铺装。同时在幼儿园户外景观设计中为幼儿提供与众不同的挑战，为幼儿带来各种知觉体验，通过这种方法帮助幼儿探索周边世界，帮助他们挑战自我。幼儿园景观中提供的选择和幻想的游戏材料，能够帮助幼儿树立自我意识，如亲情空间与小尺度洞穴空间等。

（二）柔软元素

幼儿园户外景观的柔软元素包括树枝、各种动物等。柔软元素的设计能够培养幼儿感恩的心理，使其能够理解各种物质的变化。例如，幼儿喜欢将原本平整、丝毫没有特点的泥土按照自己的想象变成各种物品。因此，柔软元素的设计还有助于培养幼儿的想象力，加深幼儿对空间的认识。

（三）围合

围合可以提供给人必要的安全感。幼儿在围合空间中能够有一种安全的、不受外界影响的舒适感，安全感是趣味性产生的前提，围合空间能够为幼儿提供一个相对隐私的个人空间。幼儿会感觉在围合空间中能够逃离成年人的监控，能够做自己想做的事情，具有自主活动性。

（四）仿效

幼儿在开展各种活动时，很大程度上都是通过模仿周围的景物、周围小朋友或者成人的动作进行的。因此，在进行幼儿园户外景观设计时，设计师要注意为幼儿提供可仿效的对象，使幼儿在仿效中学习，在仿效中开发想象力与逻辑思维能力，尤其是要注重各种自然景观对幼儿的吸引。自然景观是幼儿模仿的首要对象。幼儿可以将泥土塑造成树叶、树枝等自然景象，利用自己的想象力创造出一个属于幼儿自己的世界。

（五）动物

幼儿喜欢与小动物相处，他们会得到很多乐趣。在将这些动物元素引入的过程中，设计师应该注意不同动物元素之间的食物链关系，注意各种动物元素的数量和种类，为动物的正常生活提供必要的场所、栖息地、水源，帮助幼儿培养对它们的观察及对生命的认识。这些引入的动物最好是草食性动物，各种动物之间的食物链关系必须清晰，动物元素的引入和植物元素的引入必须相匹配，确保动物能够从幼儿园户外景观中自主进行觅食，动物通过植物产生的种子、果实存活下去，而动物的活动也有利于植物的繁衍和花粉的传播，帮助幼儿认清生物链之间的关系，对生命有更深刻的认识。

三、幼儿园环境空间可变策略

（一）空间可变性对幼儿的影响

在幼儿园的生活和学习过程中，幼儿的身体和心理也经历着成长和变化。幼儿通过游戏活动的教育形式，学习生活常识，形成个性和观念。因此，幼儿的活动空间是一个可以适应幼儿发展、有机变化的空间。可变性的空间设计重新定义了空间的性质，根据发展性的设计思维，提高空间的适应性和可变性。可变性的空间设计突破了原有的恒定空间，可以激发幼儿的游戏兴趣，培养幼儿探索发现的能力。同时，根据幼儿的主观能动性变化空间形式，可以培养幼儿的创造力和想象力，可以对幼儿未来的成长发育起到很好的引导作用。

空间的可变性主要体现在两个方面：第一，大空间通过分隔形成多种使用功能的小空间，小空间可以自由组合成为集体活动的大空间；第二，空间具有一定的功能转化能力，可扩充原有的单一功能。

（二）空间的有机分隔

在幼儿园的教育活动中，游戏是主要的活动形式，而不同的游戏内容对空间的要求也各有不同，所以可变的活动空间是幼儿游戏活动的需要。早在20世纪，密斯·凡德罗就提出了通用空间这一概念，即在现代建筑柱子承重的基础上，可以灵活地进行空间的划分。在幼儿园的设计中，根据通用空间的设计思想，使用没有阻挡的空间来容纳不同的活动，在大空间中可以通过限定，创造出一些吸引人的小空间，同时小空间可以通过合理的合并形成满足更多活动要求的大空间，赫兹伯格称这种空间为"可能的场所"。空间的限定可以通过颜色、家具进行区分，甚至通过模糊活动空间和交通空间的界限，给予幼儿更多的选择权利，从而培养幼儿的主动创造能力，发现幼儿身上的特有天赋和闪光点。

（三）空间的功能性转化

空间的可变性也表现在单一空间提供不同的使用功能上，可以根据使用要求的变化而变化。在设计中采用兼容性的使用尺寸和形态，考虑空间的发展性，这就要求设计中要考虑当下的功能需要，也要考虑变更后的功能需要。例如，公共交通空间可以在节日或者活动中临时转化成展示空间，在日常生活中也可能具有交往的功能。另外，空间的可变性也有利于解决使用面积不足的问题，通过空间的兼容性创造灵活、有弹性的空间。

四、典型案例分析

（一）大连软件园幼儿园——趣味的母题

大连软件园幼儿园，由 Debbas 建筑师事务所设计。该幼儿园依照了美国国际幼儿资源研究所和新加坡馨乐园两所幼儿保育专院的设计标准。

该幼儿园的设计灵感来自"种子"，从远处看，幼儿园像生长在同一根系上的五枚豆荚，寓意着幼儿们就是一个个颗粒饱满的种子，幼儿园则是阳光、空气和土壤，为其破土萌发提供健康、舒适的生长环境。同时，弧线形的幼儿园设计了多种多样的趣味活动区域，将科学、社会、音乐、美术、体育等活动内容充分地体现在幼儿园的功能要求之中，形态与内容相结合，将趣味性落实在幼儿园的具体功能之中。

种子形的单元组合，使交通空间不是单调的直线形式，而是开放的异形空间，在每个活动单元门前形成了一块小区域，形成了层次上的过渡，同时为幼儿创造了丰富的交往空间。

（二）哥伦比亚波韦尼尔幼儿园——自由的组合

波韦尼尔幼儿园，由哥伦比亚的建筑师 Giancarlo Mazzanti 在首都波哥大的一处没有被规划过的贫民区设计，周围环境中的建筑由于建造水平和经济的因素萧条衰落。波韦尼尔幼儿园以其干净清澈的轮廓线给这一地区带来了温暖和希望。

设计通过圆圈形的内向特征区分开了内与外。简洁的立面设计成为一个清晰的界限，圆圈内是幼儿的天堂，圆圈外是人们可以聚集的公共空间。幼儿园有 5 个自由布局的"集装箱"活动单元，并以一个流通路径连接。每个"集装箱"单元都是简单的两层楼混凝土盒子结构，两端是玻璃立面，金属制格状外观是建筑的统一形象。曲折的走廊与形象不同的院落空间结合在一起，空间丰富多变。外圈五角星形的围墙采用如芦苇秆一样的管状造型，半透明的处理使内外没有完全隔断，建筑、院落、光线发生了奇妙的综合反应，给幼儿带来了颇具趣味性的心理感受。

第六章　幼儿园特色游戏区域的环境创设

第一节　地域文化特色幼儿园游戏环境创设

一、地域文化的概念

何为"地域文化"？地域文化是指"一定地域范围内人们创造和改造出来的物质财富与精神财富的总和"。地域文化是人们改造自然的产物，各个地区的地理位置、自然环境和历史文化各不相同，这就造就了各地特色鲜明的地域文化。地域文化包括自然地理风貌与资源、传统建筑、传统美食、风景名胜、民间文学、民间艺术、民间游戏等文明表现。

二、文化与幼儿园环境创设

民族文化、地域文化和园本文化构成幼儿园文化最厚实的根基。幼儿园环境创设，只有充分挖掘和体现文化要素，才能在不断积淀中清晰地把握自身定位，不盲目跟风和模仿。有文化内涵的独特的幼儿园环境，更有辨识度和社会认知度，也会成为办学的特色和亮点，有利于提升幼儿园的整体品质。

中华民族有着悠久的文化传承，民族文化蕴含着独特的价值和丰富的内涵。我国是多民族国家，如果能够把各个地区丰富的文化资源按照教育的要求整合，并在环境中体现出其独特性和差异性，使之成为与各个地区特点相一致的课程资源，不仅能够丰富幼儿园的课程内容及材料来源，还能给教师提供自由创造、自主发挥的操作空间，同时可以开阔幼儿视野，丰富其感性经验，积累其终身发展所需的知识，培养其接纳、发展、融合本民族及其他少数民族传统文化的精神，增强其民族自尊心、自信心及民族认同感，在继承、发扬本民族优秀文化遗产的同时，最终促进民族大家庭在经济上共同发展，在文化上共同繁荣。《纲要》指出，要"充分利用社会资源，引导幼儿实际感受祖国文化的丰富与优秀，感受家乡的变化和发展，激发幼儿爱家乡、爱祖国的情感"。

三、地域文化特色幼儿园游戏环境创设应注意的问题

（一）应重视幼儿的参与性

幼儿园是幼儿生活和学习的乐园，应该让幼儿融入地域文化背景下的幼儿园环境创设的过程中。幼儿不应仅是参观者、享用者，更应该是创设者。陈鹤琴先生说："带领幼儿一同布置，使幼儿从布置环境之中认识四周环境中的事物，了解事物与事物之间的关联。使幼儿从改造环境之中创造环境，并培养幼儿坚毅、积极、合作互助等优良品质。"而且，参与筹划及动手设计的过程，可以使幼儿对地域文化的精神和实质有更深切的体会，同时他们也更加爱惜自己创设的环境。

（二）应提高教师的地域文化素养

目前，地域文化在幼儿园环境创设中可谓正以燎原之势迅速蔓延，因此，只有教师的地域文化素养得以提升，他们才能创设出良好的地域文化背景下的幼儿学习环境。首先，教师应该通过查阅文献、网络，参加培训等多个途径学习地域文化的相关知识和技能，从而在进行环境创设时能够游刃有余、得心应手。其次，教师还应该具备钻研精神，既要善于挖掘地域文化中的可利用元素，更要探索易于幼儿操作的方式、方法，结合幼儿的年龄特点挖掘地域文化中对幼儿发展最具价值的那部分内容，将教育内容与环境结合在一起。最后，幼儿教师自身要能做到真正地欣赏、热爱本土优秀的地域文化，并让幼儿感受到教师的这种情怀，使幼儿能够在潜移默化中感悟地域文化的精神，激发幼儿对地域文化的热爱和认同。

（三）应结合幼儿园特色地域文化课程的实施

幼儿园环境创设是"第三位教师"，它所具有的隐性教育功能已经被幼教

界公认。但是，环境不能仅仅是摆设，应该是让幼儿在与其互动的过程中能够有所收益的一种教育内容。在地域文化背景下的幼儿园环境创设对于幼儿而言是新奇而又陌生的，如果幼儿只是身处其中走马观花，并没有与环境的互动，那么这些环境创设就毫无意义。因此，教师要善于挖掘幼儿兴趣爱好与地域文化背景下的环境创设的契合点，将环境创设与幼儿园课程统合在一起，共同服务于幼儿园特色地域文化教育。因此，教师可以根据课程主题进行环境创设，如在开展"石头艺术——寿山石"主题活动时，在班级内设计"寿山石文化馆"，在活动室内放置寿山石摆件、印章展览、寿山石工艺、四大名石的介绍展板等，在图书区提供寿山石故事图书，在美术区提供各种石头创意品及石头创作材料，让环境来辅助课程的实施；抑或是透过环境生成主题课程，如"象形文字馆"是教师为了将印学文化与汉字文化相互交融所设计的班级环境，让幼儿置身于象形字艺术欣赏氛围之中并产生对篆刻象形字的浓厚兴趣。

（四）应关注幼儿园地域文化背景下的环境创设的连续性

"十年树木，百年树人。"教育是一个漫长的过程，而对于生活经验不足的幼儿来讲，让他们体会地域文化的精髓，并非一朝一夕之事，而是一点一滴积累的过程。因此，幼儿园地域文化背景下的幼儿园环境创设要注重连续性和长期性。首先，在教师对地域文化中可利用及对幼儿发展有价值的文化元素充分挖掘的基础上，将这些文化元素进行层次的划分，循序渐进地投入幼儿园环境创设中，并注意各文化元素及教育内容的内在联系及延伸性。其次，创设地域文化背景下的幼儿园环境，并非仅是为了搞特色、走形式，而是真正要借助这样的教育环境实施对幼儿发展有价值的启蒙教育。因此，创设富有特色地域文化的幼儿园环境不能是昙花一现，要注重创设的长期性。在不同层次的文化元素与课程主题相融合的基础上，教师要注意教育环境的适时更新，让幼儿在不断感受环境主题更换的同时，能够长期受到来自环境的耳濡目染的教育启发，让这些地域文化中的精髓逐步内化到幼儿的"人格生命中"。

在一个有助于幼儿发展的环境里，幼儿能够依自己的兴趣、能力与发展阶段，主动找寻其需要的东西，从容学习；能够拥有足够的空间和时间，充分发挥自我；能够从亲身体验、探索事物中获得成就感；能够愉快地学习与成长，与他人分享经验、和谐互动。因此，将地域文化与幼儿园环境创设相结合，才能更好地适应幼儿园的多样化发展趋势，使幼儿园的环境创设质量与建设速度得到同步提高。在地域文化背景下，幼儿园充分利用园所空间，开展丰富的主题活动，加强家园互动，构建多元艺术环境，形成园本文化的向心力；以艺术环境为媒介，加强幼儿与外界的人文对话，将本土特色文化与幼儿园教育环境相结合，以适宜幼儿年龄的方式让幼儿从小就接受传统文化的熏陶；同时使幼儿园展现出清新、整洁、活泼、有特色、多元化的新貌，这样就走出了一条幼儿在环境中获得的隐形教育与本土文化"对话—融合—创新"的可持续发展之路。

四、地区文化特色的幼儿园游戏环境创设案例

（一）土家族工艺文化融入幼儿园环境创设

1. 土家族工艺文化的内涵

土家族工艺是中华民族工艺的重要组成部分。除具有中华民族工艺的共性特点外，黔东地区土家族工艺也具有鲜明的武陵山区农耕文明的特点。该地区的土家族先民用自己的智慧，在长期的生活实践中用双手创造出了许多独具特色的民族工艺，它深深植根于土家族风土人情之中，不仅充满了神奇的艺术魅力，更是土家族人民勤劳、聪慧与强大创造力的充分体现，形成了底蕴深厚的土家族工艺文化，具体到土家族编织、刺绣、印染等工艺中则主要表现为以下三方面。

其一，土家族工艺作品的纹样丰富，其中以"西兰卡普"土家族织锦为代表，堪称土家族艺术一绝。土家花布中的图案纹样多达几百种，有的取材于大自然，如动物形状及斑纹，特别以虎纹和蛇纹最为常见；还有的取材于物体几何图形，如墙边花、方形折叠图案、弧形图案等，民间有"四十八钩""二十四钩"之说。

其二，土家族工艺技术中的构图精美，色彩独特。无论是土家族织锦、刺绣还是印染工艺，作品中的花纹不但图案新颖，而且色彩丰富，主要以靛蓝、黑、青为基调色，配以多种色彩，形成五彩缤纷的姿态，各种图案配以多样颜色使其极富民族特色，不光本民族喜爱，也为其他民族所喜爱。

其三，土家族工艺作品不但实用，而且精致，蕴含着土家族人民独特的审美和价值追求。以土家族竹编工艺为例，由于鲜明的地域特征，土家族人民在生产实践过程中，利用当地丰富的竹制材料，制作了各种样式的劳动工具，主要是各种用于生产劳动的竹篓、竹筐、竹篮等，并在发展中逐渐形成了技艺精

湛的竹编技艺。随着土家族聚居地区经济的发展，民间也出现了很多商品性质的竹编工艺品。这些竹编工艺不仅为土家族居民创造了新的经济收入来源，也是对土家族工艺文化的传承和弘扬，同样为其他民族所喜爱。

2. 土家族工艺文化中蕴含的教育价值

独具特色的土家族工艺文化中，不仅有土家族先民历代传承下来的精湛的工艺技术、精美的工艺作品、独特的艺术审美，还蕴含着可贵的教育价值。

（1）在对作品的观察中，有助于培养学习者的观察力和想象力。雷圭元先生曾指出：古代纹样作者的观察力高于表现力。由于织锦、刺绣、印染时所需花版的内容大都"取材于花草、鸟兽、家具用具、钩花、天象等"，通过对土家族花布、刺绣作品、印染工艺的呈现，为学习者细致观察土家传统花布中纹样的样式、编织方式、挑花结构等提供了更多机会。因此，对土家族工艺作品的观察，有助于锻炼学习者对生活周围实物的细微观察能力和增强观察体验，能促进学习者把握其形态、神态、动态等的主要特征，并将其牢记于心，在锻炼观察能力的同时提升记忆力。另外，土家族工艺文化是土家族先民结合生活需要及在对美和艺术的追求中，通过不断构思、发展而形成的一种传统文化。每一道工序、每一件作品无不体现着土家族先民的想象力，通过对工艺的观察、对比，其中的精美纹样和构图可以很好地启发学习者，对于其想象力的培养具有深远意义。

（2）在工艺技术的操作中，有助于锻炼学习者的动手和创新能力。"模仿记忆"是传艺最常见的教学方式。无论是土家族的编织、刺绣，还是印染，这些工艺技术的掌握，都需要学习者经历一个由陌生到熟练的学习过程，而土家族工艺技术的发展及工艺文化的形成就是通过这种言传身教的方式一代代传承至今。对于一种技术的掌握，模仿是其学习的主要方式之一。因此，对于初学者而言，掌握土家族工艺技术是对其动手能力的一种锻炼，尤其是对于小幼儿而言，手部动作正处于生长发育时期，而通过对这种技术的练习掌握，有利于很好地促进其手部小肌肉的发展。另外，对于编织，尤其是织锦工艺，从学习和掌握其技艺到能呈现出工艺作品的过程中，需要对动物、植物的特征和形态，几何图形的组合变化等进行比较分析，根据自己的想法和思维方式，将观察对象的形态、动态结构和规律等，通过线的排列概括其主要特征，从而将生活中的事物提炼转换成抽象图案来表达。这种工艺文化的发展，需要学习者通过观察、分析、构思及实践等诸多环节的练习和不断积累，是学习者脑力劳动与体力劳动结合的成果。在环境创设中通过对土家族工艺材料的投放及工艺技艺的操作，有助于拓展学习者的抽象思维能力。同时，这种将具体事物通过抽象思维用线条的方式在作品中表达出来，需要学习者有一定的归纳总结能力，也值得学习者学习。

3. 土家族公益文化融入幼儿园环境创设的实践

环境创设的组织与实施过程是幼儿从中获取信息和经验的主要情境。建构主义取向的学习目标强调情境中的学习，故而从构思到布置，再到结果呈现的过程中，每一个环节都是为幼儿构建体验土家族工艺文化的一种学习情境，也是教师专业能力与教育智慧的体现。下面介绍 A 幼儿园环境创设融入土家族工艺文化的案例。

（1）应用土家族工艺开展环境创设的资金投入。将土家族工艺文化融入园所环境创设，需要借助土家族工艺在环境创设中的应用来实现，然而这些材料的投入需要资金予以保障。针对 A 幼儿园环境创设中的资金投入问题，在对园长访谈中得知，在幼儿园应用土家族工艺开展环境创设的前期，投入园所环境创设的资金主要用于户外较大的活动区建设，一些刺绣、编织及印染的工具和相应材料的购买，共计投入 10 万元左右。园长提道："我园在开始应用土家族工艺开展环境创设时，为了建设供幼儿与环境互动的场地，营造土家工艺文化的氛围，前期的资金投入较大，也为我们后续开展相关活动提供了便利的物质场所。"对于之后用于环境创设的预算开支，园长表示，在完善了大型设施建设之后，在环境创设方面的资金投入主要用于一些幼儿操作材料的购买和更换方面。幼儿园每年都会统一购买一些投放的相关材料，预计的平均消费在 3000～5000 元；同时，为了鼓励教师的积极性，用于教师自己购买环境创设的相关材料的经费预算为 300～400 元 / 学期。此外，园长也特别强调，对于园所环境创设的经费预算，也会按照具体运行中的实际情况做相应调整，并不是一成不变的。

可见，在 A 幼儿园将土家族工艺文化融入环境创设的实践探索中，资金投入比较充盈。较大的人力和财力投入，为园所及教师将土家族工艺文化融入环境创设的实践活动提供了物质保障。

（2）土家族工艺文化融入环境创设的内容选择。人类发展生态学理论认为，幼儿所在的每一处环境都会对其发展产生积极或消极的影响。瑞吉欧教育也认为："空间具有教育内涵，即包含教育性的信息和互动的经验，能对需要建构的东西产生刺激。"在班级室内、走廊和门厅、户外环境创设中对土家族"虎""蛇"等形象的刺绣作品及一些织锦作品的应用，是刺激幼儿感知土家工艺文化的有效途径。所以通过在不同空间对土家族工艺作品、技术等的选择和应用，以此在环境中融入文化，是 A 幼儿园在环境创设中融入土家族工艺文化的重要方式。

《幼儿园工作规程》中明确规定："幼儿户外活动时间正常情况下，每天不得少于 2 小时，寄宿制幼儿园不得少于 3 小时。"由此可见，户外活动在幼儿一日生活中占有重要的地位，注重对幼儿园户外环境的布置及活动场地的设计，对拓展幼儿生活和学习空间意义重大。

在谈及幼儿园将土家族工艺文化融入幼儿园环境创设的这几年发展中，园长提到，对于土家族工艺文化在户外环境创设中的融入，主要是通过建设具有土家族特色的活动区来实现的。园长回忆说，最初户外的"土家集市"叫作"土家长廊"，里面投放有各种能够体现土家族文化特点的材料，后来实践中教师观察发现该区域投放的材料过于杂乱，不利于幼儿操作和对土家族文化的感知，也不方便教师指导，所以在研讨后便调整为现在的"土家集市"。"土家集市"主要分为三个部分，即土家美食区、土家造纸区和工艺作坊区，而且各区之间的幼儿可以通过"赶集"的方式进行买卖互动、角色扮演等。

（3）土家族工艺文化融入环境创设中的幼儿参与。个体与环境之间是相互影响、相互作用的，所以环境对幼儿的教育作用体现在环境与幼儿的双向互动中。

在与 A 幼儿园教师的交流中，谈及土家族工艺文化融入环境创设过程中的幼儿参与情况，教师们表示在具体的布置中都会有幼儿作品的展示，而且注重在环境中留下幼儿的痕迹，也是幼儿园的要求。以下是摘自教师的部分访谈记录。

教师 A1："在班级的环境创设中对于土家族工艺作品和技术的利用主要是在美工区和墙面装饰上。一般主题墙上的作品都是幼儿自己完成的；美工区投放的材料也都是幼儿自己操作的。"

教师 A2："对于环境创设中幼儿的参与，班级的环境创设幼儿参与得较多，像在户外大型的环境创设及楼道等的环境布置，主要还是由老师们一起完成，幼儿可以直接观察到自己所处的环境。"

教师 A3："在我们班，有时候会让幼儿参与进来，比如环境创设中需要的作品，我们会在集体活动中组织幼儿自己制作，然后将这些作品用来装饰环境，幼儿们看到自己做的东西也都比较喜欢，也会比较珍惜和爱护。"

4. 土家族工艺文化融入环境创设的成效

（1）对土家族工艺技术的操作，推动了幼儿动作技能的发展。土家族工艺文化融入环境创设的实践，极大地满足了幼儿动作技能发展的需求和兴趣，尤其是土家族编织、刺绣等工艺对幼儿手部精细动作的发展具有重要作用。例如，在户外的美工作坊，进区的幼儿会选择自己喜欢的材料类型，然后根据图片提示或自己在进区前的计划进行自由编织。有的幼儿会编小辫子，有的幼儿会给自己编手环，也有的幼儿会编小篮子、凳子等。在每个翻折、拉紧的动作中，幼儿的双手需要紧密配合、灵活转动才能完成。这很好地推动了幼儿手部肌肉和手指精细动作的发展。

（2）对土家族工艺作品的观察，促进了幼儿认真专注学习品质的习得。幼儿园墙面上各种有关土家族工艺作品的图片展示，使幼儿在每次进出班级时都会看到。有的小班幼儿在饭后散步时会留意甚至会长时间关注墙面上的图片内容，并向教师提出疑问。在活动区"巧手闹土家"中，幼儿每次在进区前，都需要做好进区计划，而做计划就需要幼儿对已有的土家族工艺作品认真观察，然后才能知道自己想要做什么样的作品。之后幼儿才可以自己动手设计，先画出自己想印染的图案，再自主操作印染出属于自己的工艺作品。这一过程，虽然有的幼儿不一定能制作出与自己设计图案相符的作品，但在实际操作中不仅需要幼儿的专注认真，还需要幼儿观察图案的特点，摸索印染时的规律。在一次次的尝试中，幼儿才可以制作出各种不同的印染作品。有的幼儿在一次活动中无法完成一件作品，会主动要求教师放置好自己的半成品，在下次活动时继续完成。幼儿在与这些环境的互动中，不仅学会了善于观察事物，还形成了做事专注认真的品质。

（3）为"打造园本课程，传承土家文化"奠定了基础。A幼儿园经过多年的应用实践，首先，将土家族工艺作品、技术等应用到了幼儿园的户外环境创设之中，这种在环境创设中兼顾整体环境的意识值得肯定和借鉴。在幼儿园不同空间中对土家族工艺文化的融入，不但丰富了土家族工艺文化资源在幼儿园中开发、应用的途径和形式，打破了仅通过集体教学活动来引导幼儿学习认知民族文化的固有方式，而且通过在环境创设中对土家族工艺作品、技术的应用，拉近了本园幼儿、教师及家长与土家族优秀传统文化的距离，为幼儿园的园本课程开发积累了宝贵的课程资源。其次，具有土家族文化特色的幼儿园环境建设，为本园幼儿打开了形象化认知和了解土家族传统文化的窗口。同时，以环境创设为融入土家族工艺文化的切入点，该园还萌生了利用土家族文化资源开发园本课程的想法。在园长的带领下，该园借助环境与课程相互生成的作用，积极探索属于自己的园本课程。目前已有"好玩的纸巾""我爱我的家乡""好看的服饰"等结合了土家族工艺文化的园本课程内容，为园所提出的

"打造园本课程，传承土家文化"的办园特色奠定了初步的基础。

第二节　艺术特色幼儿园游戏环境创设

一、幼儿园艺术特色环境创设的意义

幼儿若是在特定的背景下成长，那么其发展过程与发展结果会受到多种因素的影响。这些背景因素或是间接的，或是外显的，抑或是内隐的。然而，所创设出的艺术环境是具有丰富美感的，那么就能够将审美文化带至幼儿与自然、幼儿与社会、幼儿与自我的互动过程中，进而使幼儿能够生活在富有艺术元素的环境中，使其发展受到各个方面的支持。一般来讲，可以将幼儿园所创设出的艺术环境分为两种类型：第一种属于直接服务，在幼儿园所开展的艺术教育活动中，教师实施有目的、有意识的组织与管理，能够起到支持艺术活动的作用；第二种是让幼儿自主、自发地欣赏，促使其在自然艺术环境中形成审美能力及审美体验。故而，在"环境即课程"中要求，应当将幼儿园环境充分整合起来，使其能够发挥间接、内隐的艺术功能，进而形成艺术教育中的一门隐形课程，能够在促进幼儿全面发展中起重要作用。

在创设幼儿园的艺术环境时，创设目标应当包括以下两点：其一，所营造出的艺术环境，其氛围应当是十分浓郁的，能够让幼儿从艺术环境中得到十分丰富的审美体验，以此提高幼儿对艺术美的感受能力；其二，支持并引发幼儿能够与艺术环境之间进行有效的互动，促使其能够在互动过程中构建出自己对艺术知识的经验，逐渐丰富幼儿的艺术感知，培养其具备创造美、鉴赏美的能力。

二、幼儿园艺术特色环境创设的特征

（一）幼儿园环境艺术创设的实用性

幼儿园环境创设风格各异，但是应该始终把实用性放在重要位置，毕竟幼儿园不同于美术馆或艺术馆，各项设计都应该服务于幼儿园日常工作的正常运行。比如，设计幼儿园的卫生间，不管墙壁、地面、洗手池和便池如何有创新，但是设计应该符合幼儿的特点，一定要兼顾实用。幼儿园教室的首要功能是教学而不是展示厅，因此教室的设计应该简洁明快，不能对课堂教学有负面影响。

（二）幼儿园环境艺术创设的安全性

幼儿园是幼儿生活、学习的重要场所，因此安全问题是环境艺术设计的首要因素。比如，幼儿园地面设计尤其重要，因为很多时候幼儿活动是在地面上开展的，所以地面的科学合理性及安全性就显得尤为重要。地面不仅要耐磨、防静电、吸声，还要防滑、防潮、防水、具有弹性等。幼儿园中心和教室地面要参考医院手术室采用无菌材质，所以地面设计在满足幼儿审美要求之前，首先应该达到这些安全要求。另外，活动区、教室内外的边缘应该打磨、钝化，柱体应该加上软包装；灯光应该明亮、柔和和温暖，考虑幼儿可以接受的灯光强度；玻璃应该采用安全玻璃。总而言之，幼儿园环境艺术设计的安全性应该落实到设计的每个细节。

（三）幼儿园环境艺术创设的教育性

幼儿园的建筑设计要遵循幼儿的特征。在设计幼儿园环境的时候，设计师应该根据幼儿教育的特点进行，设计尺度贴近幼儿。比如，设计师可以根据幼儿好奇和好动的特点，创造良好的自然生态环境，发扬自然场所形象直观的教育功能，促进幼儿身心健康、和谐发展，如建立种植园、草坡、水族馆等，营造绿意盎然的小天地，让幼儿在观察中学习、在活动中学习。场地的游乐设施，也应该发展幼儿的肢体协调能力、合作能力或团队意识等。

三、装置艺术在幼儿园游戏环境创设中的应用

（一）装置艺术与幼儿天性的关联

幼儿在其天性中有着对装置艺术特有的偏爱和理解。这是装置艺术在幼儿园环境创设应用过程中重要的心理基础。当人们转变视角，从日常生活去看装置艺术时，幼儿在成长过程中会自发去玩"装置"游戏，这实质上是他们对生活现成品的移用与再造。在这些"装置"游戏中，幼儿凭借自己的想象力，变换了现成品的本原身份，赋予了它们新的生命内涵。而幼儿的这种审美观是与生俱来的，随着他们对世界的不断认知，他们自发组织和进行了这种"装置"

游戏。这种幻想与体验交错发生的方式展现出幼儿自发的先验性创造，也为装置艺术在幼儿园环境创设中的应用提供了天然的土壤。

幼儿具备与生俱来的创设装置艺术的天赋，他们最不易受世俗规范的干扰，并坚持着敏感而执着的个人情感和喜好。相对于成人，幼儿对装置艺术的喜爱源于天然本真。幼儿在成长过程中所展现的"对现成物摒除掉一切约束，重新构造和展示，从审美上获取最大限度的惊喜"这一艺术倾向，正是进行装置艺术必要的创作手法。

（二）装置艺术在幼儿园环境创设中的应用

1. 装置艺术的应用改变了传统幼儿园环境创设模式

在传统的幼儿园环境创设中，教师是创设的主体，幼儿在教师布置的环境中承担着被动接受与参与的角色。教师在幼儿园环境中布置墙饰、吊饰、区角、玩教具等多种类作品，或是为了配合幼儿园主题活动，或是为了彰显幼儿园的教学理念，却忽视幼儿在审美过程中的主体身份。这种传统环境创设模式无法满足幼儿对环境改造的想象及创造。

装置艺术是实物艺术的代表门类，在作品创意中充分强调对现成品的利用和展示。在幼儿园的环境布置中，利用现成品的创意构思也不胜枚举，如利用废旧材料进行的环境改造、利用玩具模型摆放的虚拟区角、利用道具及装饰物营造的意境空间等。在这些环境创设中，幼儿往往能更为主动地参与环境的变化，并利用各种熟悉的材料进行拼贴组合、错置、悬空、分割、集合、叠加，以形成构成环境的装置作品。在这一过程中，幼儿大胆地取舍材料以丰富他们的创造性空间，从艺术陈列的新视角对环境进行审美观照，凭借自己设想的方案建设属于自己的环境，在环境创设中融入更多的感知和想象。

装置艺术在幼儿园环境创设中的应用，有利于改变教师布置和主导环境的传统模式，使幼儿成为创作环境的本体或参与者，使幼儿在审美过程中能更深层次地感知生活的美，更为自主地改造环境，并使其在改造环境中形成创意性思维方式。美国艺术批评家安东尼·强森认为，装置艺术"它们仅仅是容器而已，它们能容纳任何'作者'和'读者'希望放入的东西"。幼儿在采用非逻辑、非再现的陈列方式来展现他们所理解的物品间构成关系时，所投入的思维并非静止而是处于"永恒的运动"的，因为幼儿创作和欣赏时生发的感受是没有定数与标准的，当不同的生活经验在其思维中产生不同的影像和记忆时，他们就会赋予装置物新的联想与体会。

2. 装置艺术在幼儿园环境创设中的应用现状

装置艺术在幼儿园环境创设中的应用并非需要强加施行，而是需要观念的给予。引导大家认识并在观念上对其接受，并运用装置艺术创作方法来践行创设环境，以当代艺术的视角来解读幼儿在参与环境布置中所呈现的行为，同时培养幼儿在环境创设过程中的审美习惯和观察方法，提升幼儿园环境创设的艺术价值和审美价值，是装置艺术在幼儿园环境创设过程中亟待解决的基本问题。

无论人们是否承认，装置艺术就像幼儿喜爱的积木一样进入了他们的生活。虽然进行幼儿园环境创设的教师们并未意识到与装置艺术有着某种联系，或者所有人仅视幼儿完成的废旧物品组合为最简单的手工作品，甚至认为幼儿园的环境创设还无法构成某种现代艺术形式的时候，装置艺术却真实而长久地存在于幼儿生活中。

装置艺术在幼儿园环境创设中的应用有着天然的土壤。幼儿处于日常生活经验尚未成熟的阶段，这种稚嫩的新鲜感最易产生对普通事物的艺术联想，这深植于幼儿心中的艺术土壤生长出对现成品的移用、对生活惯性思维的解构。从艺术本身看来，"艺术不同于生活经验的地方在于它既是生活经验的延续，也是一种比它更完美、精练、强化和统一的经验"。这种经验的传递，更激发了幼儿对所处环境和状态的创作热情，并保持着艺术与生活的整体性与连贯性。

幼儿园环境创设的实施是幼儿生活与成长进程中审美链条上不可或缺的一个环节。从装置艺术在幼儿园环境创设中的应用现状来看，艺术经验及作品赏鉴仍然无法大量走进幼儿的课堂。而作为环境布置的观赏者，在幼儿园环境中，幼儿无法完全摆脱教师的观念而布置富有其心性创造力的装置艺术作品。教师们将环境依然归位于复杂的手工劳动，而并未解放观念和形成高层次的现代艺术体验。可以说，在幼儿园中装置艺术广泛应用的局面尚未全面打开，无论从个人观念还是从应用范围及力度上看，目前装置艺术在幼儿园环境创设中的应用尚属于探索阶段，这也为装置艺术的应用和推广提供了非常大的探索空间。

从近阶段装置艺术在幼儿园环境创设中的应用现状调查结果看来，装置艺术仅仅停留在科学小实验、游戏玩具的操作活动或者简单的手工剪贴上，如无锡市芦庄第二幼儿园王惠娟老师所设计的"玩沙游戏装置制作"项目。可以说，幼儿科学活动与社会活动用到了实用品的"装置"，却并未在幼儿园环境创设中提出"装置"的概念。但幼儿在日常生活中已实际运用了装置艺术的审美思维，如废铁堆是幼儿眼中的"变形金刚"，初长出小草的土堆是幼儿眼中的"圣诞帽"，阳台上栏杆围出的格子是幼儿围聚下棋的棋盘，庞大的电视机纸盒是幼儿钻入表演的小舞台……这些生活化的审美更应该被带入幼儿的课堂，在幼儿园环境创设中开展、讨论、深入，使装置艺术真正地应用于幼儿园环境创设之中。

四、剪纸艺术在幼儿园游戏环境创设中的应用

（一）锻炼艺术在幼儿教育中的意义和价值

1.锻炼幼儿的手部小肌肉群

在剪纸的过程中，要想剪出自己想要的图形，幼儿必须能够灵活操作和使用剪刀。这个年龄段的幼儿，其手部肌肉尚不发达，而经过了剪纸的锻炼，他们就能灵活进行一些精细的动作，长期坚持下来，小肌肉群就能得到很好的锻炼。幼儿园的教育目标是促进幼儿德、智、体、美、劳全面发展，让他们多动手去做，不仅能够激发幼儿的大脑，还能使其产生更多的动手意向。剪纸是一种趣味性极为浓厚的活动，很受幼儿的欢迎。据有的家长反映，幼儿回到家后还会想拿起剪刀剪一番。

2.使幼儿体验艺术之美

剪纸艺术体现了中国传统艺术的对称美、线条美等，而这些元素都能帮助幼儿很好地感受美、体验美，产生对美的向往。由于幼儿的能力所限，他们的剪纸形式都比较简单，常见的是剪一些对称的图形或小花、小树等。教师要对学生的剪纸方式进行指导，如利用镂空帮助学生剪出一朵小花，打开镂空之处就能再次看到一朵花，将纸旋转之后就能剪出波浪的形状。教师还可以将一些与剪纸相关的视频播放给幼儿看，利用艺术家精湛的技术为幼儿带来视觉上的刺激，使幼儿从情感上对传统文化产生认同。

（二）剪纸艺术在幼儿园环境创设中的应用

1.利用剪纸美化园内环境

幼儿园环境的创设是有一定要求和规则的，有着整体性、复杂性的特点。教师要结合幼儿的兴趣爱好与发展特点来进行环境的创设，使环境能够充分发挥自身的教育功能。在美好的环境中，幼儿不仅能够获得身心的愉悦，还能学会对美进行欣赏和感受，提高对美的感知力。剪纸是一种充满了美的艺术。教师和幼儿一起拿起剪刀，共同创造具有美感的作品，再将这些作品应用于幼儿园的环境创设中，就能充分发挥剪纸美化环境的作用。

以往，教师也曾经带领幼儿一起剪纸，但是剪完、展示完之后作品就处理掉了，或是让幼儿拿回家，导致剪纸成为一门无法走入幼儿生活的课程，很难使幼儿受到相应的启发。因此，教师要努力避免这种教育误区，和幼儿一起利用剪纸来进行园内环境的创设。在剪纸活动中，幼儿会创造出各种各样的作品，虽然他们的手法较为稚嫩，也剪不出太复杂的形状，但是他们的想象力非常丰富，经常会有一些超乎想象的作品出现。虽然幼儿的作品不像成人那样熟练操作，但是他们赋予了作品丰富的情感，这也是幼儿创造力的有效体现。教师可以经常利用幼儿的剪纸来布置教室，还可以专门腾出来一面剪纸墙，用幼儿的作品来对其进行美化。看到自己的作品被放到了教室的墙上，幼儿心里的满足与激动就溢于言表了，他们对手工操作和环境创设就有了更大的兴趣。

2.剪纸为幼儿园环境创设提供了更为丰富的材料

在进行环境创设时，教师所采用的材料是丰富多样的。需要注意的是，教师不仅要考虑材料的成本，还要为幼儿的健康负责，应选择一些安全性较强的材料，且这些材料要有很大的可操作性，不然会给教师和幼儿的操作过程带来很大的麻烦。剪纸所采用的材料就是纸，它的成本非常低，有着丰富的创作空间，只要幼儿能够想象得出来，他们就能够制作出自己想要的作品。当然，这些作品都是简化了的。教师可以和幼儿共同创造剪纸作品，并设计各种各样的主题。例如，主题"春天来了"，就可以剪一些长长的"藤蔓"挂在墙顶上，再用绿色的彩纸剪一些"小草"，小草中间点缀几朵"小花"，几只"蝴蝶"在窗户上振翅欲飞。这样不仅美化了环境，也丰富了幼儿的环境装饰材料和内容。

第三节 体育特色幼儿园游戏环境创设

一、体育游戏教育背景

21世纪是知识经济高速发展、充满各种机遇与挑战的时代，国际竞争的日趋激烈使得对人的整体素质的要求越来越高，国力的竞争也就成为人才的竞争。学前幼儿是祖国的花朵，是我国21世纪的接班人，担负着振兴中华、建设现代化强国的重任。现代社会需要我们具备良好的素质和能力，而良好的身体素质是保证人的全面发展的基础。个体要求的生存并获得良好的社会发展，首先必须具备健康的身体。生命的健康是保证幼儿全面发展的前提。科学地、适当地开展幼儿体育游戏，对学前幼儿提高身体素质、增强体质、增进健康水平，为将来能更好地适应社会生活等，都具有重要的促进作用和深远的意义。

二、幼儿园体育游戏概述

（一）幼儿园体育游戏的概念

幼儿园体育游戏是反映现实生活的一种综合性的体育活动，是发展幼儿各项基本动作、提高幼儿基本活动能力、锻炼幼儿身体的主要手段，它是由一定的动作、情节、角色、规则等组成的身体练习。

（二）幼儿园体育游戏的特点

1. 思想性

体育游戏是一种锻炼身体的手段，也是进行教育的一种重要方式。游戏应具有明确的目的性，即通过游戏活动对幼儿进行思想品德教育，培养具有创造力、想象力的思维空间。

2. 趣味性

体育游戏是深受幼儿喜欢的活动形式，吸引幼儿的参与。体育游戏的内容要生动活泼、丰富多彩，具有趣味性和娱乐性。

3. 情境性

幼儿游戏一般有一定的寓意和情境，也多半含有比赛的成分。幼儿天性好玩、好胜，通过游戏活动能得到身心愉快和满足。所以说，游戏不仅具有情境性，还富有竞赛性。

4. 大众性

体育游戏大多由人们日常生活中的走、跑、跳跃、投掷、对抗等基本活动技能组成，它不需要专门的技巧和事先学习、训练，因此它能被幼儿所及时接受。

5. 集体性

体育游戏一般是有组织的集体性活动，有利于集体观念的形成。游戏中的规则不但可以协调幼儿之间的关系，而且对加强组织性、纪律性起着良好的作用。

6. 综合性

几乎任何体育项目的练习都可以作为体育游戏的素材；几乎任何体育项目都可以将体育游戏作为教学与训练的手段。体育游戏既能培养与提高身体的基本活动能力，又能学习与提高运动技能技术。

（三）幼儿园体育游戏的教育价值

1. 体育游戏的趣味性有利于充分调动幼儿参与体育活动的积极性

体育游戏将体育基本动作技能的锻炼融入趣味性较强的游戏之中，在发展幼儿的走、跑、跳跃、投掷、钻爬和攀登、平衡等基本动作时，不是枯燥地、单调地进行训练，而是让幼儿通过快乐游戏，给他们练习的机会，使幼儿易于接受。有的体育游戏甚至不需要任何玩具或器械，只要幼儿聚在一起，就能够玩起来。例如，"网小鱼""老鹰抓小鸡"等体育游戏，常让幼儿乐此不疲，也充分调动了幼儿参与体育活动的积极性。

2. 体育游戏的多样性有助于培养幼儿活泼、开朗的性格

从幼儿身心发展特点来看，尽管幼儿的神经细胞总数与成人基本相同，但

由于机能尚未成熟，其神经系统既易兴奋也容易疲劳，因此，幼儿好动，注意力不能持久，很容易分散。这些生理上、心理上的特征决定了幼儿难以参加长时间、剧烈的体育活动，而且对单调的体育训练易失去兴趣，而体育游戏形式多样、内容丰富，恰好能满足幼儿多方面的发展需要。丰富的游戏形式，给幼儿带来了愉悦的心情、良好的心境，这些都有助于幼儿活泼、开朗性格的形成。

3. 体育游戏的集体性有助于培养幼儿良好的合作与社会交往能力

体育游戏通常是以集体或小组的形式展开的，因此，幼儿体育游戏是一项集体性的教育活动。在体育游戏过程中，教师有目的地通过多种方法，利用游戏规则和玩法提高幼儿的交往能力和参与行为。通过游戏伙伴之间的相互模仿、协调，幼儿可以学会如何与他人友好相处，如何处理人际矛盾及控制自己的情绪。在游戏中，每位幼儿充当不同的角色，在愉快的体育游戏中，渐渐积累集体生活的经验，养成相互关心、相互谦让、相互协作的行为习惯。例如，教师创设"毛毛虫游戏"情境，要求 4～8 个幼儿一组，组成一条"毛毛虫"，一个接一个蹲着向前进，让幼儿以竞赛的形式进行游戏，这能提高幼儿间的交流、合作能力；同时在前进过程中，同组幼儿只有做到步伐统一才能向前进，否则就会摔跤，这就需要幼儿间相互沟通，达成一致意见，才能齐心协力到达终点。教师借助体育游戏这个手段，能大大增加幼儿间交流的机会，有助于培养幼儿良好的合作与社会交往能力。

4. 体育游戏的规则性有助于提高幼儿的自我控制能力和意志品质

体育游戏有严格的规则，这些规则贯穿于游戏的全过程，保证了游戏的顺利进行，并可达到预期目的。幼儿在游戏中必须控制自己的行为，自觉服从游戏规则，这样可以锻炼和提高幼儿的自我控制能力和意志品质。同时在游戏过程中，幼儿有直接形象的视觉判断，能够帮助自己进行一定的理解和价值判断。为了共同完成游戏，幼儿之间应互相帮助、友好协作。中班、大班进行竞赛时，幼儿会为了自己所属集体（组、班、队等）赢得荣誉而做出力所能及的努力，而这一切对培养幼儿的集体荣誉感可起到一定的作用。

5. 体育游戏的规则和玩法有助于幼儿智力的发展

体育游戏要求幼儿对"信号"和游戏环境突然发生改变时能迅速做出反应。在游戏中，幼儿必须关注"信号"，仔细观察游戏环境的变化，目测游戏物的空间距离，估计游戏时间，牢记游戏的规则和玩法，积极思考动作的应变等。这就要求幼儿要集中注意力，反应要迅速。特别是对于"追捉"游戏，被捉的幼儿应集中精力注视着"捕捉者"的行踪，当"捕捉者"靠近时，被捉的幼儿会迅速跑离；当"捕捉者"远离时，他们会放慢速度，甚至稍歇片刻；当"捕捉者"再次靠近时，他们又会加快速度跑离。这种对"信号"（捕捉者）做出的动作反应，实际上是一种思维敏捷性、灵活性的表现。在游戏过程中，幼儿的注意力、记忆力、语言、思维等方面的能力都在潜移默化中得到发展，这有利于幼儿的智力发展。

体育游戏对幼儿来说，更属于一种轻松的游戏。同时，幼儿对"户外"有着一种特殊感情，每次只要教师一说"接下来是户外活动"，幼儿们总是特别兴奋。由此可见，幼儿喜欢户外活动，喜欢体育游戏。

（四）幼儿园各年龄班体育游戏的特点与案例

1. 幼儿园各年龄班体育游戏的特点

（1）小班体育游戏的特点：①游戏的内容和动作比较简单，活动量较小；②游戏多有具体情节和角色，情节较单一，角色少，通常是幼儿熟悉的角色，且主要角色一般由教师来担任，常常是全体幼儿同做一种动作或完成一至两项任务，幼儿之间的配合和合作较少；③游戏规则简单，一般不带限制性，且和内容联系在一起；④对游戏的动作、角色、情节感兴趣，对结果不太注意，没有较强的胜负意识，一般不竞赛。

（2）中班体育游戏的特点：①体育游戏的内容和动作有了发展，且幼儿喜欢情节较复杂的游戏和活动量较大的追逐性游戏；②游戏的角色也有所增多，主要角色可以由幼儿自己来担任，同时增加了一些情节性的游戏；③游戏的规则较严格，比小班复杂，带有一定的限制性、惩罚性；④开始出现两人或小组合作性游戏；⑤对游戏的结果开始注意，喜欢自己或自己一方获胜，喜欢追逐、竞赛，有竞赛因素的游戏占较大的比例。

（3）大班体育游戏的特点：①游戏动作增多，难度加大，游戏的活动量也增加；②游戏角色和情节之间的关系可以更加复杂，角色更固定，要求幼儿动作灵活、协调；③游戏的规则更为复杂，限制性可更强，幼儿对游戏规则的理解能力增强；④合作性的游戏增多；⑤对游戏结果很关注，喜欢有胜负结果的竞赛性游戏及需要体力与智力相结合的游戏。

2. 幼儿园各年龄班体育游戏的案例

【案例1】"猫和老鼠"（小班）

游戏目标：

（1）联系四散跑的动作，增强动作的敏捷性和协调性。

（2）增强对游戏的场景体验，感受游戏的快乐。

（3）培养规则意识。

游戏准备：

猫头饰一个，不同颜色的老鼠头饰若干；在教室里或户外活动场地上用彩色粉笔画上不同颜色的老鼠洞若干个，猫洞一个。

游戏玩法：

（1）教师或一位幼儿戴猫的头饰扮小猫，其余幼儿戴不同颜色（红、黄、蓝、绿）的老鼠头饰扮老鼠。

（2）游戏开始，"老鼠"在田里跑来跑去，觅食玩耍。"小猫"往田中一站，念儿歌："老鼠、老鼠偷油吃，我要过来抓住你。"说完就去抓"老鼠"。"老鼠"立即钻回各自的洞里。被抓住的"老鼠"被"猫"带回家，要停玩一次游戏。在"老鼠"钻进洞后，"小猫"要检查"老鼠"有没有钻错的，钻错洞的"老鼠"也要停玩一次游戏。

游戏规则：

（1）戴什么颜色头饰的老鼠就钻进什么颜色标记的老鼠洞。

（2）被"猫"抓住和钻错洞的"老鼠"都要停玩一次游戏。

（3）"老鼠"必须钻进洞里（所规定的区域内），不能站在区域外和线上。

活动建议：

（1）游戏中，教师应提醒幼儿散开跑时不要互相碰撞。

（2）教师应根据幼儿活动游戏的实际情况控制活动量，注意设定游戏时间。

【案例2】"过临时桥"（中班）

游戏目标：

（1）练习在有间隔的物体上行走，发展动作的灵活性和身体控制力及平衡力。

（2）懂得关心、同情需要帮助的人，培养助人为乐的良好品德。

游戏准备：

（1）10个轮胎。

（2）在一块空旷的平地上，将5个轮胎按间隔40 cm距离摆好。

游戏玩法：

（1）教师先带幼儿进行各种走的练习。

（2）教师设计游戏背景，如"灾区的小朋友非常需要我们的帮助，但原来的小桥被水冲坏了，我们只好搭起临时的桥。我们怎么过去呢？"然后，教师示范过临时桥的方法，提醒幼儿过桥时要注意安全，不要掉到河里，看哪队过桥又快又稳。在教师发令后，幼儿分成两组"鱼贯式"练习。第二遍采用比赛的形式，口令发出后，各队幼儿依次走过轮胎，返回时拍第二人的手，这样依次进行，以先走完和走得稳的组为胜，游戏可进行2～3遍。

（3）教师领幼儿做放松活动，让幼儿利用轮胎自由玩耍。

游戏规则：

要求幼儿依次从轮胎上走过，能保持平衡，不能从轮胎上掉下来。

【案例3】"调皮的小袋鼠"（大班）

游戏目标：

（1）练习单脚跳、双脚跳。

（2）通过游戏中不同障碍物的设置，尝试多种跳的方法。

（3）乐意参与跳的活动，并努力克服困难。

游戏准备：圈若干，椅子两把。

游戏玩法：

（1）准备活动。教师安排幼儿手拉手围成一个大圆圈，让大家边唱儿歌边跳跃，可以手拉手跳，也可以自己叉腰跳，注意在活动过程中引导幼儿按照儿歌内容变换跳的姿势。

（2）游戏活动。①教师扮演袋鼠妈妈，幼儿扮演小袋鼠。教师带领幼儿原地练习单脚跳及双脚开合跳，再将幼儿分成人数相等的两队站在场地的一端，另一端摆两把小椅子。②游戏开始前，教师先示范讲解动作要领及过程，让幼儿明白游戏规则及玩法。游戏开始，排头的两位先单脚跳过圈，再绕过弯曲的小桥（绳子），再进行开合跳圈，最后绕过小椅子，跑回自己的小队，拍一下第二位幼儿的手，站至对尾，而第二位幼儿继续进行第一位幼儿的动作。速度快的队获胜。

游戏规则：

（1）每位幼儿都必须按规定路线完成规定的跳的动作。

（2）后面的幼儿必须在前一位幼儿完成规定动作后且拍到自己的手后才能出列起跳。

附儿歌:《跳跳跳》

双脚跳,跳跳跳;单脚跳,跳跳跳;转身跳。天天跳,身体好。

活动建议:

游戏时间可视幼儿的兴趣和体力而定。

三、幼儿园体育特色游戏环境创设建议

(一)合理利用幼儿园户外环境

户外活动是幼儿园体育活动的一种补充形式。户外活动场地广阔,器材相对齐全,能让幼儿自由自在地、尽情地进行活动,能发展幼儿的综合体力、能力等。一些幼儿园有着较大的户外环境,除教学楼外都是活动场地。那么,怎样合理利用好这块场地呢?笔者认为要从以下几点出发。

1.布局安全

幼儿园体育活动首先要考虑的就是安全问题。因此,幼儿园的户外活动场地可分为几个区域:草坪区、塑胶区、操场。

幼儿园大型活动器械可置放在草坪区。由于有的活动器械有一定高度,幼儿在玩的时候有一定的难度和危险程度,但这种活动器械往往更能激起幼儿的活动兴趣,使他们乐于挑战自我。因此,幼儿园把这些有挑战性的活动器械放在草坪上,会给幼儿以安全感。

幼儿跑道及各种亲子比赛应设在塑胶区。塑胶区相对比较柔软,如果幼儿发生磕碰,也不会太伤身体。

操场用来做操和律动,可铺设地砖,每隔几块设置一块不同颜色的地砖作为标记,可以让幼儿迅速找到自己的位置,利于幼儿进行活动。

2.布局整洁

幼儿园户外活动场地要整洁,活动器械摆放要有序,让幼儿可以随时挑选自己喜爱的玩具;如果户外活动场地不整洁,或有障碍物,会引起幼儿注意力不集中而发生安全事故。

3. 布局合理

总体来说，幼儿园户外活动场地一定要布局合理，互不干扰。现在幼儿园流行混班玩、混龄玩，因而幼儿园要设定区域负责人，教师要把幼儿尽收眼底，确保幼儿玩得开心、玩得安全。

除了正常的户外游戏活动、户外体育活动等，幼儿每天饭后都要进行散步活动。有的幼儿园在户外画有各种线条，有直线、曲线、圆圈等，让幼儿沿着各种线条散步，既能吸引幼儿兴趣，还能让幼儿更有秩序，并且对线条有所理解。在发展幼儿体育素质的同时，也能发展幼儿其他诸如美术等的综合素质。

（二）合理利用幼儿园周围环境

1. 利用幼儿园周围自然环境

陈鹤琴先生曾说："大自然大社会就是活教材。"有些农村幼儿园的附近就是一方农田，春天可以带领幼儿去上体育课"小青蛙跳田埂"，初夏可以带幼儿进行体能活动"捡麦穗"，秋天可以带幼儿去开展体育游戏"小袋鼠运粮食"，冬天可以带幼儿开展体育活动"田间赛跑"。这些具有乡土气息的环境，更能激起幼儿活动的兴趣。

2. 利用幼儿园周围小学环境

有些幼儿园与小学紧挨着，只有一墙之隔，教师可以带领幼儿去小学操场活动。大面积塑胶场地、各种幼儿园没有的活动器械，对幼儿极具吸引力，但是教师要控制好安全、时间问题。

3. 利用幼儿园周围社区环境

有些幼儿园旁边就是社区公园、社区广场。因为公园里有小山丘，所以教师可以带领幼儿去开展体育活动，如"山中淘宝""捡落叶""看谁爬得快"等。

环境创设是一项复杂的系统工程。要搞好幼儿园环境创设就必须对幼儿的身心发展特点有全面、透彻的了解，充分认识环境材料可能蕴含的教育价值。在幼儿园的体育教育活动中，环境作为一种"隐性课程"、教育资源，在开发幼儿体力、促进幼儿体能发展及个性培养方面，越来越引起人们的重视。

参考文献

[1]　巴伯 . 幼儿园创造性游戏环境创设与活动指导 [M]. 北京：中国轻工业出版社，2017.

[2]　伊李，袁芒 . 幼儿园环境创设 [M]. 武汉：长江出版社，2010.

[3]　陈桂萍，郑天竺 . 幼儿园环境创设 [M]. 上海：华东师范大学出版社，2017.

[4]　丁海东 . 幼儿园游戏组织与指导 [M]. 长沙：湖南大学出版社，2015.

[5]　丁雅雯 . 让"生命在场"：幼儿园户外环境创设的行与思 [J]. 当代家庭教育，2020（36）：64-65.

[6]　董旭花，韩冰川，张海豫 . 幼儿园户外环境创设与活动指导 [M]. 北京：中国轻工业出版社，2019.

[7]　樊永玲 . 回归幼儿本真的幼儿园户外环境创设 [J]. 学前教育研究，2020（9）：89-92.

[8]　傅萸 . 幼儿园户外环境与幼儿探索活动 [J]. 幼儿教育·教育教学，2020（12）：26-29.

[9]　高攀 . 刍议"安吉游戏"对我国幼儿园游戏活动的启示 [J]. 课程教育研究，2019（49）：28-29.

[10]　何芳 . 近年来国内外户外游戏课程的文献综述研究 [J]. 好家长，2018（3）：24-25.

[11]　黄小莲 . "课程游戏化"还是"游戏课程化"[J]. 教育探究，2020（1）：58.

[12]　井渌，赵晨雪 . 促进儿童社会性发展的幼儿园户外环境创设研究 [J]. 南京艺术学院学报（美术与设计版），2007（3）：166-169.

[13]　李万顺 . 幼儿园游戏与课程整合的途径探究 [J]. 名师在线，2019（22）：23-24.

[14]   林慧.幼儿园科学探究游戏课程开发途径例析[J].情感读本，2019（2）：37.

[15]   林燕华.浅谈幼儿园创造性游戏课程的实践[J].科普童话，2018（36）：121.

[16]   刘娟.促进儿童发展的幼儿园课程游戏化探究[J].好家长，2019（79）：30.

[17]   刘敏.幼儿园环境创设实践[M].成都：四川大学出版社，2015.

[18]   马洁.幼儿园户外游戏环境的规划与创设[J].基础教育研究，2019（6）：89-90，92.

[19]   马啉.浅谈幼儿园环境艺术设计的特点与实践[J].现代交际，2018（11）：253，252-253.

[20]   彭兵，陈瑞华.幼儿园探究性游戏课程及活动设计[M].武汉：长江出版社，2006.

[21]   邱习佳.基于儿童发展的幼儿园课程游戏化探究[J].儿童绘本，2020（11）：40-41.

[22]   邵爱红.幼儿园内外建构游戏指导[M].北京：中国轻工业出版社，2016.

[23]   苏运霞.民间美术在幼儿园环境创设中的应用研究[J].文化创新比较研究，2020（7）：53-54.

[24]   薛静雅.自然元素在幼儿园户外环境中的妙用[J].早期教育（教师版），2018（7）：72-75.

[25]   孙彦霞.幼儿园环境创设的理论与实践研究[M].长春：吉林美术出版社，2018.

[26]   田术梅.如何将幼儿园的户外环境巧妙的融于自然教育中[J].文学少年，2019（19）：179.

[27]   汪荃.幼儿园游戏课程模式[M].北京：中国妇女出版社，2003.

[28]   王淑红.浅析幼儿园户外环境对幼儿身心发展的影响[J].明日，2017（34）：290.

[29]   王迎春.美术作品与幼儿园环境创设[J].文学少年，2019（10）：40.

[30]   魏翠玲.探究幼儿园游戏课程的有效配置方法[J].儿童大世界（教学研究），2019（9）：255.

[31]   谢宁馨.当前幼儿园课程游戏化建设的关注趋势——国际课程游戏化研究热点分析综述[J].读天下，2020（22）：16-17.

[32]   颜玲.融入课程游戏化理念的幼儿园户外环境——江苏省句容市幼儿园户外环境建设拾景[J].早期教育（教育教学），2020（7）：28-35.

[33]   姚舰.营造孩子们的乐园——浅谈幼儿园环境创设中的趣味空间[J].公共艺术，

2017（5）：33-39.

[34] 余照君．建儿童游戏的乐园——谈幼儿园户外场地的规划、设计与管理 [J]. 科教导刊（电子版）（下旬），2015（12）：43.

[35] 虞佳．基于儿童视角的幼儿园户外环境创设策略 [J]. 科学咨询（教育科研），2020（11）：179.

[36] 郁文娟．助力幼儿自主探究的户外艺术区创设与利用 [J]. 教育界，2019（14）：147-148.

[37] 袁茂．浅析幼儿园室外环境艺术设计 [J]. 好家长，2019（7）：40.

[38] 张海燕．论幼儿园创造性游戏课程的实施 [J]. 新课程（综合版），2019（12）：164.

[39] 张瑜．架构体验游戏课程　编织幼儿游戏生活 [J]. 启迪与智慧（下），2020（6）：83.

[40] 张玉玲．园本特色下的户外活动场地的合理规划 [J]. 中国现代教育装备，2016（6）：1-4.

[41] 赵萍．游戏课程：指向儿童发展的无限可能 [J]. 启迪与智慧（教育），2018（2）：17.

[42] 钟运红，周文婕．生命的在场：幼儿园户外环境创设的实践与思考 [J]. 教育科学论坛，2019（15）：78-80.

[43] 周美雁．幼儿园游戏课程教学的实践与探究 [J]. 大陆桥视野，2017（4）：172.

[44] 周玉嫦．幼儿园户外环境创设的思考与实践 [J]. 数码设计（下），2019（9）：298.

[45] 朱朦怡．自然的邀约：搭建幼儿园户外课堂项目活动的生态艺术体系 [J]. 新教育时代电子杂志（教师版），2020（21）：8.

[46] 朱玮．装置艺术在幼儿园环境中的应用 [J]. 散文百家，2019（12）：109-110.

[47] 左鑫鑫．高瞻理念下幼儿园环境的设计 [J]. 读书文摘（中），2019（6）：186.